BEHAVIORAL
ECONOMICS

读懂
行为经济学

如何避开投资中的心理陷阱

[日] 真壁昭夫 / 著

苏小楠 程媛 / 译

GUIDE TO BEHAVIORAL ECONOMICS

南方出版社

图书在版编目（CIP）数据

读懂行为经济学 ：如何避开投资中的心理陷阱 /（日）真壁昭夫著 ；苏小楠，程媛译.— 海口 ：南方出版社，2016.9

ISBN 978-7-5501-2649-7

Ⅰ．①读… Ⅱ．①真… ②苏… ③程… Ⅲ．①行为经济学－通俗读物 Ⅳ．① F069.9-49

中国版本图书馆 CIP 数据核字 (2016) 第 221492 号

版权合同登记号：图字 30-2015-063

KODO KEIZAIGAKU NYUMON by MAKABE Akio
Copyright © 2010 MAKABE Akio
Chinese(in simplified character only)translation copyright © 201× DIGITAL TIMES PUBLISHING &
DESIGN CO.,LED.
All rights reserved.
Original Japanese language edition published by Diamond,Inc.
Chinese(in simplified character only) translation rights arranged with Diamond,Inc.
Through THE SAKAI AGENCY and BARDON-CHINESE MEDIA AGENCY.

读懂行为经济学 [日]真壁昭夫/著 苏小楠 程媛/译

责任编辑： 师建华 高会力
出版发行： 南方出版社
地　　址： 海南省海口市和平大道70号
电　　话： （0898）66160822
传　　真： （0898）66160830
经　　销： 全国新华书店
印　　刷： 北京市松源印刷有限公司
开　　本： 710mm×1000mm　1/16
字　　数： 180千字
印　　张： 14
版　　次： 2016年9月第1版第1次印刷
印　　数： 1—5000册
书　　号： ISBN 978-7-5501-2649-7
定　　价： 58.00元

新浪官方微博：http://weibo.com/digitaltimes

CONTENTS

目 录

第二章　为什么没法做出理性的决定——害怕亏损而被欺骗

一、前景理论——将人计算价值的方法理论化

二、认知失调——为何你的选择如此愚蠢?

三、心理账户——我们的小算盘充满了矛盾

第三章 直觉有多准——屡次犯同一个错误

二、通过案例学习行为金融学及其应用

三、通货紧缩能否得到抑制？——作为政策实施工具的行为经济学

后 记

前　言

行为经济学受世人关注已有一段时间，这期间也出现了不少面向一般读者的相关读物，有的甚至登上了畅销书榜。

但是，读这些书，常常有不解之处。想来可能是它们没有完整地介绍行为经济学中的所有不可或缺的要素之故。也就是说，尚没有一本入门级手边读物，既讲述人们有趣、奇怪的非理性心理与经济的关系，又介绍以前景理论为代表的理论体系。

本书的写作主要有两个目的。其一，以简单易懂的方式介绍行为经济学、神经经济学的产生和现状（第一章）。希望读者阅读此部分内容后能够清楚地知道经济学理论从传统经济学到行为经济学、神经经济学的发展过程。其二，以轻松有趣、联系实际的方式，讲述行为经济学的各个理论要素在我们日常生活、实际的市场操作中都能起到哪些作用（第二章至第四章）。

当然，很早以前，我就想出一本这样的书，多年的夙愿今日终于得偿。

那是35年前，我还是一名本科学生，因为一直对经济和金融非常感兴趣，所以毕业后在一家金融机构就职。在之后的30多年里，我每天都和经济、金融打交道，这期间我自学了金融工程学等金融学理论。刚开始学习金融工程学时，我感觉一切都是那么的新鲜、有趣。

随着学习的深入，我发现了一个令自己非常困惑的问题。经济学和金融工程学的理论前提都是现实社会中根本不存在的，比如"理性人"和"市场参与者拥有完全信息"等，它们以这种前提为基础，构建理论体系、制作模型。我隐隐地觉得这样的做法有些不妥。确实，要求一个经济理论或金融模型充分包含人类社会复杂多样的因素，是有些苛刻。或者我们应该说，这是根本不可能的。但是，我们还是不禁想问，这种方式到底能不能提出对我们的现实社会有用的理论？

特别是在金融市场领域，市场的走向并不总是像金融工程学预测或显示的那样。或者可以说，每天的市场动态都是传统金融学无法解释的。如果每个市场参与者都采取理性的行为，那么就不会发生像泡沫经济这样的事情。泡沫经济的发生让很多人损失惨重。

随着研究的深入，在经济学和金融学领域，逐渐出现了一种新的理论潮流，它不以"理性人"为理论前提。在这个潮流中，有一个流派近些年受到了人们的重视，它通过分析人类的心理活动来研究人们的决策过程，这就是行为经济学。行为经济学还有一个分支，叫作行为金融学。行为金融学主要使用心理学的研究成果分析金融资产的价格变动规律。

我至今难以忘记刚接触行为经济学或者说是行为金融学时的兴奋心情。人们的行为并不总是理性的。正因如此，泡沫经济才会发生，在泡沫破裂之后，经济陷入低迷的状态。也许这正是人之所以是人的证明。行为金融学大大地开阔了我的眼界。

自那之后，时光流转，社会对行为经济学的关注逐渐提高，该领域的研究人员也多了起来。与此同时，与该领域相关的书籍也越来越多。一方面，行为经济学是一个新的学科分支，有很广阔的应用空间。在行为经济学领域处于研究前沿的美国，很多大学都开设了相关的课程。而且，这一理论已经深深地渗透到市场一线人员中。另一方面，比较令人遗憾的是，在日本，对行为经济学和行为金融学的研究和介绍都处于比较低的水平。日本行为经济学会在2007年才成立。

希望本书能够达到前面提到的两个目的，提高人们对行为经济学和行为金融学的认识。哪怕我的愿望只有一部分得以实现，我也会觉得很幸福很幸福了。

最后，我要感谢Nissay Asset投资公司的竹内尚彦先生尽心尽力地为本书整理原稿。还有花费很多心血对本书进行编辑的钻石公司书籍编辑局的广田达也先生，我要对他表示衷心的感谢。可以说，如果没有他们二人的鼎力相助，本书不可能有幸呈现在众多读者面前。

第一章

与心交谈的经济学
——行为经济学改变了什么

经济学如何关注现实

图表 1-1 经济学系谱

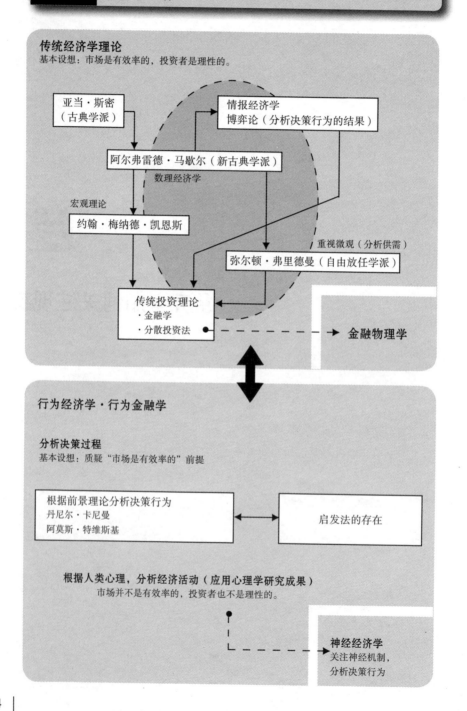

传统经济学理论
基本设想：市场是有效率的，投资者是理性的。

亚当·斯密
（古典学派）

情报经济学
博弈论（分析决策行为的结果）

阿尔弗雷德·马歇尔（新古典学派）

数理经济学

宏观理论

约翰·梅纳德·凯恩斯

重视微观（分析供需）

弥尔顿·弗里德曼（自由放任学派）

传统投资理论
·金融学
·分散投资法

金融物理学

行为经济学·行为金融学

分析决策过程
基本设想：质疑"市场是有效率的"前提

根据前景理论分析决策行为
丹尼尔·卡尼曼
阿莫斯·特维斯基

启发法的存在

根据人类心理，分析经济活动（应用心理学研究成果）
市场并不是有效率的，投资者也不是理性的。

神经经济学
关注神经机制，
分析决策行为

1. 行为经济学诞生前夜

让我们先回顾一下经济学的发展历程。经济学自诞生以来，一直以宏观经济学、微观经济学为中心，近些年则朝着以博弈论为代表的众多新方向发展。

经济学的潮流一：微观经济学 = 价格理论

经济学起源于1776年亚当·斯密所著的《国富论》。之后，经济学的研究虽向多个方向发展，但还是主要研究如何分配社会中的有限资源，如何使用这些资源创造更多的经济价值，以及如何在社会成员间分配这些价值。

这些研究的前提是希望通过有效的资源分配和公正的价值分配，能够使人们幸福。也就是说，所谓经济学，是一门旨在使人们幸福的学问。

最初，价格在资源分配和价值分配过程中的功能得到重视，经济学理论获得了发展。这里所说的"价格"，是买卖双方相互妥协后达成的价钱。比如，一件东西的价格上升，买的人就会减少，卖的人就会增加。相反，价格下降，买的人就会增加，卖的人就会减少。如此，"想买的人（需求方）"同"想卖的人（供给方）"相互协商、妥协，最终找出价格的平衡点。在平衡价格下，进行资源和财产的买卖，全社会的资源分配和价值分配才能够有效地进行。这种理论就叫作"微观经济学＝价格理论"。

经济学的潮流二：凯恩斯革命＝宏观经济学

约翰·梅纳德·凯恩斯认为价格理论存在严重不足。凯恩斯发现经济不景气会周期性出现。他通过观察经济活动的最小单位——个人和企业的行为，发现每个经济体都采取自认为最有效（即合理）的行为，结果却使整个社会的经济状况陷入停滞之中（即合成谬误）。并且他认为即便只是从每一个经济体的活动来讲，也无助于经济状况的改善。

因此，为了让经济良好运转，凯恩斯提出把经济体分成四个部分。这四个部分分别为：由个人组成的家庭部门，由企业组成的企业部门，由政府组成的公共部门，还有海外部门。通过观察所有经济体的活动，社会经济总体可用以下公式表示：

社会全部附加价值总额（GDP）＝

C（消费）＋I（投资）＋G（政府支出）＋E（出口）－M（进口）

他主张，当需求不足时，应干预G（政府支出），扩大需求。这就是凯恩斯经济学。凯恩斯提出的宏观经济学理论改变了此前对单个经济体行为的研究方法，因此也被称作"凯恩斯革命"。凯恩斯的思想，成为罗斯福应对1929年美国经济大萧条，实施"罗斯福新政"的理论基础。

经济学的潮流三：数理经济学

经济学自诞生以来，呈现向多个方向发展的特点。其中就诞生了将注意力放在资本家和劳动者阶级斗争上面的马克思经济学。这里介绍几种使用数学、物理等自然科学研究方法的经济学分支。

一个是"计量经济学"，使用数学方法预测经济前景，解决社会问题。还有一个研究各经济体通过相互影响寻求平衡的"博弈论"，也值得我们多加关注。近年来，有很多学者致力于此方向的研究。

另外，还有使用统计学和概率论进行研究的分支。这些研究方法，在经济学的一个分支——金融理论中被广泛使用，并取得了令人瞩目的成果。金融工程学便是一个例子。比较著名的研究成果是使用概率论的方法构建的"期权价格（溢价）"模型——布莱克–斯科尔斯公式。这个公式本来是物理学中的概率微分方程，现在被用来推算金融资产将来的价格并计算溢价，在金融市场被广泛使用，并且阐述它在经济中应用的论文成为1997年诺贝尔经济学奖的获奖论文。

※期权价格

为了获得在将来的某一时间买或卖特定金融商品的权利，购买方需要支付一定的费用，这个费用就叫作期权价格。

2. 直面现实的经济学

以"人的决策是理性的"为前提的经济学，无法很好地解释经常出现的非理性的活动。

经济学经历了200余年的发展，现在却频频陷于困境之中。这是因为此前的经济学家大都将理论构建在"对自己有利"的前提之上。传统的经济学家，基本上都是这么设想的：市场上有无数的需求者和供给者，无论是谁，都无法凭一己之力影响市场的动向；每个经济主体都掌握全部的市场信息（拥有完全信息）；每一个经济主体都是理性的，绝对不会做任何不理性的行为。

但是，这些前提和假设并不符合实际。因为，人并非一直都是理性的，也会做一些非理性的事情。因而，传统经济学是以实际并不存在的前提为基础设想出一个经济模型，并在此模型中验证经济运行的规律的。也就是说，之前的经济学是在模拟经济（模型）中，阐述如何有效分配资源、如何创造财富的。

但实际上，同时满足以上全部前提的情况极其罕见。人们会做出愚蠢无比的事情。或者，市场上需求者和供给者很少，这时，能提供大宗物资的供给者的行为，可以很轻易地影响市场的供求状态。有时候，需求者可能只有很少的几个。这时，有大宗需求的人便能决定市场的行情。

而且，构成市场的每个经济个体，并非都拥有完全信息，总有些经济体仅拥有少量信息。最重要的是，人的行为并非都是理性的。反省自身，便不难发现，我们人类经常做一些不合情理的事情。

现在，经济学者们也加入了反省者的行列，并且开始构建更加符合社会实际的理论。例子之一便是出现了重视人类心理作用的行为金融学和行为经济学。

3. 行为金融学和行为经济学的区别

在金融学领域，探讨人们如何进行投资决策的，叫作行为金融学；运用社会心理学知识，研究心理活动对经济活动的影响的，叫作行为经济学。

卡尼曼和特维斯基的前景理论

行为经济学始于1979年卡尼曼和特维斯基共同发表的一篇论文。这篇论文将人如何在不确定的情况下进行选择作为阐述的重点。从这个意义上说，决策理论的出现，标志着行为经济学的萌芽。紧接着，这个决策理论进入金融学领域后成为金融投资决策理论，并最终发展成为行为金融学。

简单一点说，可以理解为行为金融学在吸收了社会心理学的知识后，发展并升华为行为经济学。作为行为金融学基础的前景理论，从重新观察投资者的选择行为开始。从这个层面上来说，前景理论是行为金融学的核心理论，也是行为经济学的起点。行为金融学尝试解释那些在传统经济学中未能得到详细解释的各种情况，一个典型的例子就是泡沫经济。

另一方面，从前景理论发展而来的各种理论，在金融学领域确立其地位后，结合社会心理学的研究方法，最终发展成为领域更为宽广、能够阐释社会整个经济体制的行为经济学。

行为金融学和行为经济学的关系

由于行为经济学运用了社会心理学知识，所以它在拟定政策、分析政策实施效果时，能够发挥更加积极的作用。

比如，通货紧缩时，消费者的热情也必定同薪金水平一起一落千丈。那么，持续实施扩大内需的政策和长期的物价下跌能否有效改善消费热情，还不能确定。但是，由于行为经济学在研究经济活动时结合了人类心理活动的影响，所以当用它来研究采取何种措施可以改善人们冰冷的消费热情时，事情往往能够考虑得更为周到、细致。

图表1-2表示了行为金融学和行为经济学的关系。

如图表1-2所示，行为金融学是行为经济学的一部分。金融学研究金融资产价格变动和投资方法，是经济学的一部分。因此，行为经济学的研究范畴包括行为金融学。包含在行为经济学之中的行为金融学的出发点和核心理论就是前景理论。

图表 1-2　行为经济学和行为金融学的关系

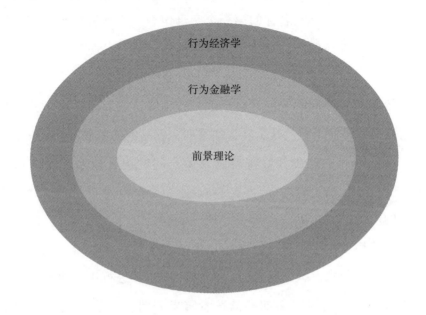

行为经济学

行为金融学

前景理论

4. 从行为经济学的角度分析泡沫经济

泡沫经济的产生和崩溃以及在投资活动中的一些现象，大多反映了人们心理活动的变化。但是，我们从观察中得到的结果，往往和传统经济学的观点产生矛盾。

人类社会，在最近几年发生了很大的变化。其中，变化最大的要数世界范围内的房地产市场泡沫的破灭、利用借贷增加投资、美国出现金融危机了。发端于美国的房地产泡沫，跨过了美国的国界，蔓延扩大，致使世界范围内多地出现房地产泡沫。捷克、匈牙利等东欧诸国，迪拜等中东国家，冰岛以及PIIGS（葡萄牙、意大利、爱尔兰、希腊、西班牙五国英文名称的第一个字母组合）等西欧国家，也在短时间内房地产价格飙升，产生了巨大的泡沫（详情请见第四章第二部分案例五）。

然而，房地产的价格不会永远只升不降。它一定会在上升到某个最高点后，转而下跌。这个转折的瞬间，就是泡沫的破灭。

经济泡沫的产生和经济持续繁荣之间的内在联系，没有那么复杂。当资产价格上升时，经济活动通常也会顺利地进行。这时，人们持有的不动产、金融资产等资产的价格也会上升，紧接着，家庭或者企业的信用度也会上升。由于信用度上升了，原本很难贷到的款项，也变得容易起来。人们可以通过开创新事业、进行更高水平的消费来增加幸福感。这时，诸如"消费者需求旺盛""企业资金需求量巨大，急需投入新设备"等积极的、正面的报道充斥报端。

这些积极、正面的报道，体现出来的不是传统经济学主张的"效率"和"理性"，而是我们的心理状态是活跃的还是低迷的。由此看来，本应带领我们追求幸福的传统经济学理论，似乎在不知不觉间，已经变得只会根据GDP增长率这一表面性参数的大小来判断经济形势了。

5. 异常现象的影响力

在传统经济学中，人的非理性行为、市场的无效现象常常被看作是异常现象而不被重视，在行为经济学和行为金融学中，利用心理学的研究成果，它们得到了解释。

人的本性——追逐眼前利益

雷曼兄弟公司破产以后，金融危机持续发展，世界经济举步维艰。在这种背景下，一直以来喜欢贷款消费的美国家庭，不得不取消了大部分消费计划，世界经济因此出现了需求不足的情况。与此同时，股票和外汇市场也出现了混乱。

出现这些混乱的原因之一，就是以传统经济学理论为出发点、以"人们的活动是理性的，市场调节是有效率的"为理论前提的金融工程学理论（效率市场假说）存在严重缺陷。金融工程学有一个基本理论，即认为经济行为人是完全理性的，他们的行为是整齐划一的，通过对人们行为的理解和分析，就可以得出"金融资产的价格就理应如此"或者"市场应该是这样"的结论。但实际上，市场中的行为人，或者说，由行为人组成的市场，通常并不是如统计学、概率论假设的那样是完全理性的，他们的行为、活动也不是整齐划一的。

让我们想一想人的本性。观察人类的短期活动，就会发现我们经常做非常愚蠢的事。以通宵打麻将为例。和好朋友一起打麻将很开心，正因为很开心，有时便不知不觉打了一夜。打完之后，我们经常会后悔："这样对身体不好，我怎么做了这么蠢的事？"

那么，我们可以因为人们有这种非理性心理，就断言金融学一文不值吗？实际上，事情没有那么简单。我们试着换一个角度来看。从短期来看，有些人确实容易做愚蠢的事情。但是即便是这样的人，有时也会考虑得比较长远，制订计划，并按照计划采取合理的行动。

在解释人们的短期活动方面，重视人类心理活动的行为系理论的解释能力更强一些。但是，在理性和合理性选择得到更突出体现的人们的长期经济行为中，传统的经济学研究成果更能够发挥其实力并帮助人们找到其中的平衡点。

图表 1-3　美国、日本股价走势图

图表1-3显示了1970—2009年，日经股指和美国纽约道琼斯指数的历史走势。

首先看一下20世纪80年代后半期的日本泡沫经济时期。日经股指从1985年后半期的13000点上升到1989年年末的39000点，4年间股价显著飙升。同样，美国也发生了被美国联邦储备委员会（FRB）前任主席格林斯潘称作"无根据的狂热"的IT泡沫。从1995年到IT泡沫破灭时的2000年，道琼斯指数从4000点上涨了近两倍，达到11700点。

一国的股票指数通常和本国的经济发展水平（GDP增长率）成正比。因为GDP是人们获得的工资加上企业收益的总和，所以如果分配方式不改变的话，那么"企业业绩增长就等于GDP增长"。正因如此，股票市场的整体走势，同GDP增长率的变化趋势基本上保持一致。

但是，美、日在各自的泡沫经济时期，GDP增长率并不像股指一样，达到2~3倍。它们经历的是股价增长速度远超经济实际增长速度（背离经济基本面）的股票市场的狂热。这种上涨呈现出"越涨越买，越买越涨"的循环，人们沉醉于其中。但是，泡沫不会一直持续下去，当大到一定的程度时，它一定会破灭，经济也会转入下坡道。如此一来，又出现了"越卖越跌，越跌越卖"的恶性循环。

仅仅通过图表1-3，我们就可以看出"人，有时会做愚蠢的事"。但是无论我们如何叹息，也无济于事。因为事实就是如此。例如，由于次贷危机而凸显的美国过度消费行为，从理论上讲很难出现，实际上却发生了。以前，很多美国家庭通过向银行贷款购买房屋。当住宅价格上升时，这些家庭可以根据账面收益追加贷款，从而扩大消费。传统经济学认为，家庭会保持投资和储蓄的平衡，并随着年龄的增加，资产也不断增加。我们举一个例子，根据之前的理论设想，年轻人为了将来养老会努力存钱，但是，美国一直到几年前所发生的事情，和这个设想恰恰相反。所以，经济出现了泡沫。

在传统经济学和金融工程学中，像泡沫经济等不符合理性推理的事情被叫作异常现象而排除在理论研究和分析的对象之外。但是，被看作异常现象而没有得到分析研究的泡沫经济以及经济泡沫的破灭，通过这次的经济危机，使我们知道它能够给我们的生活带来多么巨大的影响。

行为金融学试图解释这些市场的不合理的方面。

※基本面

基本面指经济的基本情况，比如宏观经济中的失业率、通货膨胀率等。

※家庭

经济学中的家庭是指以家庭为单位进行经济活动的经济部门。家庭经济活动指家庭基于所得进行消费的行为。

※账面收益

比如，你花100万买了一只股票，一年后，你所持有的这只股票的市值上涨为110万，这多出来的10万，就是你的账面收益。也就是说，比买入价高出来的那一部分，就是账面收益。证券投资过程中的账面收益需要通过出售所持有的股票才能兑现成实际收益。

6. 传统经济学的局限一：现实社会真如经济学教科书中描绘的那样吗?

在我们的日常生活中，经常发生一些传统经济学理论中没有设想过的事情。行为经济学，就是一座架在经济学教科书和现实世界之间的桥梁。

我们首先回顾一下传统经济学理论，它是今天已经得到普及的经济学和金融学理论的基础。

在我们学生时期学习的经济学教科书中讲到，市场中有无数的供应者和需求者，而且他们全部拥有完全信息。由于他们都采取合理的经济行为，所以市场价格经常在一个特定的点上得到平衡。时至今日，这些假设都是经济学理论的基础。根据这一理论，一件商品，无论何时、无论何地，永远是一个价格。这就是传统经济学中的"一物一价法则"。

图表 1-4　一物一价法则

基本设想：一件商品永远是一个价格

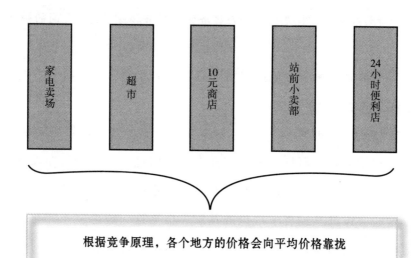

家电卖场　超市　10元商店　站前小卖部　24小时便利店

根据竞争原理，各个地方的价格会向平均价格靠拢

但是，当我们将目光转向现实社会，就会发现一物一价法则成立的情况几乎并不存在。比如，在站前商业街上的家电卖场里，一节干电池要10元，但是在距离这家店不过30米的超市里，同样的电池，两节只要15元。按照刚刚讲到的一物一价法则，这种现象是根本不可能存在的。因为，当人们得知可以以7.5元购买一节干电池时，大家都会去超市购买，没人在家电卖场购买干电池了。家电卖场的干电池的价格也会下降到7.5元，这样所有地点的干电池的价格就相同了。但实际上，有人会花10元买一节干电池。这样一来，一物一价法则就崩溃了。现实生活中有很多这样的现象。

　　那么，为什么会出现这种现象呢？实际上，人的行为的合理性也是有限的。还是以买干电池为例，即使人们知道30米外的超市里卖的干电池价格更便宜，但是可能因为"不想走路"这样的理由，就选择在家电卖场购买。还有一种情况是，有人不知道超市里也卖这种干电池。可以说这些情况，传统经济学和金融学都没有考虑进去。

　　仅仅依靠传统经济学的理论和观点，已经很难合理地解释实际生活中发生的一些经济现象了。经济学界也在反省，并且在尝试让作为分析工具的理论尽可能地贴近现实生活。结合心理学研究成果的行为经济学和行为金融学可以被认为是这种尝试之一。

　　※完全信息

　　完全信息指的是对于所有的市场经济活动参与者来说，都能够了解到其他市场参与者的一切信息。完全信息是有效率的市场所必需的理论前提条件。

7. 传统经济学的局限二：传统经济学理论vs行为金融学理论

　　传统经济学和行为经济学并不是截然相反的两种理论。这里，我们将分别介绍一下它们各自的理论特征和应该如何有效、巧妙地运用它们。

　　图表1-5对传统经济学和行为金融学的不同做了简单的归纳和对

比。通过此表，相信大家能够更好地理解行为金融学的研究意图。

图表 1-5 传统经济学理论和行为金融学理论对照表

	传统经济学理论	行为金融学理论
作为研究对象的个人	完全理性人（行为是理性的，没有非理性行为的存在）。	正常的、实际生活中的人（时有非理性行为的发生，也经常判断错误）。
经济活动	企业和个人的经济行为是基于理性判断的。	经济行为并不总是理性的。
金融市场的动向	出现的都是理论上正常、合理的动向，不可能发生泡沫经济。	不是所有的市场动态都能够从理论上得到解释，经常出现不太合乎理论的现象。承认并充分假设泡沫经济的发生。
理论构建	首先设定理论前提，然后构建理论，得到模范理论。	以人的实际行为为基准构建理论体系，得到行为理论。
作为研究对象的时间长度	相对较长的时间段。	相对较短的时间段。

通过此表，我们可以看到，传统经济学理论严格地以理性人（又称作理性经济人或经济人）为理论前提。在分析经济现象的时候，这

样的理论前提能够确保结论的普遍适用性。传统经济学理论认为，在分析经济现象的时候，过于考虑某个决策者因时而异的心理状况等条件时，就会迷失现象的本质。所以，传统经济学以严格的理论前提为基础，提出了"这种情况下，就应该会这样"的模式。将社会生活中的各种复杂的经济现象，借助各种抽象模型来进行解释和分析，传统经济学理论有它自己的说服力。

但是，由于设置了以现实生活中所不存在的严格条件为前提，致使理论成果有许多不符合实际的情况出现，这是传统经济学理论确确实实存在的短处。有时，当经济现象或事件的条件不符合严格的理论前提时，从理论模型中推导出的结果，甚至会完全与事实对不上。

因此，为了让理论成果更符合客观实际，经济研究者通过仔细观察周围的人们的行为，提出了一种新理论——行为金融学。它对于分析和理解日常金融市场的价格变动、市场行情走势等短期经济动向都有非常大的帮助。在这一点上，它和分析经济动向和政策效果的行为经济学颇为相似。

另外，我们就此判断基于传统理论的金融工程学的实用性是否过低，还为时尚早。诚然，金融工程学无法分析泡沫经济之类的经济现象，就连日常金融资产价格的变动，也无法一一解释清楚。但是，传统的金融理论在判断特定股票的公允价值（理论上认为合适的价格）应该是多少时，即在向人们提供一种标准（基准值）方面还是能够发挥积极作用的。特别是在解释时间跨度长的经济问题时，金融工程学和传统经济学理论就更有说服力了。因为长期来看，市场的实际价格还是围绕公允价值上下浮动的。

通过冷静、客观的比较分析可以得出，当分析经济、金融市场的动态时，我们既要使用金融工程学等传统经济理论，时刻谨记市场价格从长期来说总是围绕公允价值上下浮动的，也要使用行为金融学理论，考虑在短期经济活动中人的心理因素的影响。

8. 传统经济学的局限三：不应该发生的泡沫经济为何发生了？

由于行为经济学研究了被当作异常现象而摒弃在经济学研究范围外的泡沫经济，所以在经历了经济危机的今天，人们对行为经济学寄予厚望，并在实际的投资活动中使用这种理论。

经济出现泡沫，真的是一种特殊现象？

阅读行为金融学概要，为我们思考泡沫经济出现的原因，提供了很大的启示。思考泡沫经济的产生，可以帮助我们反过来考察市场的无效面，以及投资者（行为人）决策中不合理的方面。只要掌握了行为金融学的本质，你就会发现这是一个非常好用的分析经济现象的方法。

我们曾经历了严重的金融危机，世界经济也一度陷于混乱之中。很明显，现在我们需要一种理论来详细说明经济是如何出现泡沫的。按照传统经济学理论和金融工程学理论来分析，泡沫经济是根本不可能发生的。因为它们的理论假设是"作为经济决策主体的个人都是理性的、利己的"，这样的人是不会以"高于正常价格或市场价格的价格"购买一件商品的。只要没人这么做，经济就不会出现泡沫。

那么，泡沫经济是不是近些年才出现的新鲜事物呢？事实并非如此。从古至今，发生过很多此类案例。比如，距离现在比较近的有20世纪90年代末发生在美国的互联网泡沫和20世纪80年代后半期发生在日本的泡沫经济危机，距离现在比较远的有17世纪荷兰的郁金香泡沫——当时一株郁金香的球根甚至可以买下一套住宅。而为什么一株郁金香的球根能被炒到如此高的价格？现在想来，真是难以置信。但是，这些让人难以理解的现象之所以会出现，正是我们的心理在作怪。

为什么行为金融学备受期待？

在传统经济学中，泡沫经济被很多经济学家看作是一种异常经济现象，故而不将其作为自己的研究对象。然而，事实上泡沫经济时常发生。2008年年中，美国房地产市场泡沫破灭后，世界原油价格飙升；2009年，金融危机后，俄罗斯和上海的证券市场也出现了明显的上升行情：这些行情里或多或少都存在着泡沫。人们不明白，为什么明明经济状况不佳，股价还是不断地上升？终于，轮到行为金融学登场了。

行为金融学认为，在经济活动中，人的行为并不一直都是理性的、合理的。在研究人们的经济行为、金融市场的动态时，行为金融学充分地考虑了人的心理活动、心理状态的影响。简单点来说，它是以人们错误的决策为理论前提，研究人的行为和市场状态的。

国外在这个领域的研究从许多年前就已经开始了，2002年，这个领域的研究者甚至获得了诺贝尔奖。在美国所有的著名大学中，这都是热门课程。另外，行为经济学和行为金融学的理论已经开始慢慢影响到人们的实际投资行为。它不仅仅是学术理论，它也为投资者的投资活动提供重要的判断标准。

9. 传统经济学的局限四：金融工程学是万能的吗？

金融工程学擅长长期的经济预测，行为经济学则擅长短期预测，金融工程学和行为经济学各自研究的经济现象的时间跨度是不同的。

金融工程学为何能获得一致好评？

金融工程学，是使用统计学、概率论等方法推算金融资产的预期收益率的一种方法。根据有效市场假说，投资者总是希望金融资产的期望收益率尽可能地和以往平均收益率持平，期望收益率的波动率尽可能地降低，由此建立起来的投资模型——均值方差模型，是金融工程学最基本的理论之一。该理论认为金融资产的价格变动呈正态分布。

金融危机发生以前，金融工程学是人们在资本市场中，管理投资风险、进行投资组合的一个重要工具。根据金融资产的价格按照正态分布变动这一观点，投资者和模型设计者可以清晰地了解风险和收益率情况，操作也很简单。金融工程学还可以帮助我们设计高级模型解决问题，如此说来，金融工程学就是万能的。这一想法，也许真的根植在我们脑中。

但是，雷曼兄弟公司破产后，我们是否可以和一些人一样，就此断言金融工程学根本一无是处呢？让我们冷静、客观地分析分析吧。

金融工程学的研究对象是金融资产价格的长期分布情况。它在分析债券价格在未来5~10年将会在什么范围内波动、推算未来5~10年股票的收益率上，有很强的解释和分析能力。但是，在短期市场价格变动率的分析上，它的说服力就相对没那么大了。这是笔者常年从事市场相关工作的实际感受。

确实，像泡沫经济这种用传统理论解释不通的现象每发生一次，金融工程学的解释能力就会降低一些。金融工程学和传统经济学一样，都以市场供需的平衡点为研究课题。

这里还是以雷曼兄弟破产后金融市场的混乱为例。在这场混乱中，使用金融工程学计算特定金融资产的价格变得极度困难。而且，由于市场震荡剧烈，即便能够计算出理论上的价格，投资者们也根本无从下手。在投资者们束手无策时，世界资本市场迅速陷入了流动性不足的状态，高风险产品的交易量极度萎缩。特别是证券市场的低迷，给以美国为首的国家带来了巨大的经济损失。

金融工程学和行为金融学各自的作用

金融工程学的理论模型中，不包含泡沫经济这种异常市场现象，理论模型都是设计者根据预先设计的前提来构建的。在这些理论前提中，包含很多像"市场是有效率的"这种在实际生活中很少存在的前提。因此，当出现使市场参与者感到异常的市场环境时，金融工程学理论模型的解释能力就降低了。

在短期市场上，风险容忍度的下降和从众心理等心理活动对投资者的行为的影响增强。根据金融工程学理论，金融资产的价格长期来看应该和经济基本面保持一致，我们虽然认为这是合理的，但是在短期市场上其现实意义已不可避免地变得很低。为了解释这些异常现象，行为金融学应运而生。

当我们得知，金融工程学是靠设定相对简单、抽象的前提来设计模型、解释经济问题时，我们也许会否定金融工程学的作用。但是，我们应该认识到，在分析市场长期动向方面，金融工程学依然有其独到之处。问题在于，不能只用金融工程学进行风险管理和计算收益率。

在实际操作中，当我们设定理论前提，估算风险和期望收益率时，面对纷繁复杂的市场信息，必须学会正确地取舍、分析和运用。今后再进行风险管理时，中短期的，要充分考虑市场情绪；如果追求的是长期收益，可以使用金融工程学找出风险和期望收益率各自的平衡点。另外，找到两者的平衡也很重要。

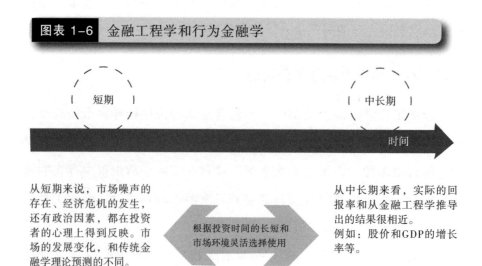

图表 1-6 金融工程学和行为金融学

| 短期 | | 中长期 |

时间

从短期来说，市场噪声的存在、经济危机的发生，还有政治因素，都在投资者的心理上得到反映。市场的发展变化，和传统金融学理论预测的不同。

根据投资时间的长短和市场环境灵活选择使用

从中长期来看，实际的回报率和从金融工程学推导出的结果很相近。
例如：股价和GDP的增长率等。

※有效市场假说

投资者都是理性的、利己的。由这种投资者形成的市场是有效的。

※风险容忍度

指投资者可以容忍风险的程度。传统经济学理论认为投资者会规避风险。

※市场情绪

投资人关于市场走向的一种心理状态。具体表现为：情绪高涨、受压、改善等。

10. 经济学向多样性发展

驱使人们做出某些活动的外部因素，即诱因，是不同的。充分肯定人们行为诱因的多样性，能够帮助我们正确理解潜藏在日常生活中的各种各样的异常现象，这才是行为经济学最大的贡献。

人们感受到的诱因都是一样的吗？

截至目前为止，在根据金融工程学理论进行风险管理和推算期望收益率的过程中，一旦出现了无法用理论模型解释的现象，就会将之称作异常现象，然后放弃对其进行理论解释。当然，有一些从事实际业务的人员，利用这种异常现象为自己谋取利益，但是理论界还没有对异常现象的解释提出任何明确的方针。

在传统经济学的理论假设中，各个经济行为人接受的诱因是相同的。因此，当行为人面对特定的利益时，他们的决策和判断也是一样的。至少，经济主体（投资者和企业）是理性的、利己的，面对特定的利益时，因为都是从理性的、利己的角度进行决策和判断，所以他们采取的行动就是一样的。

但实际上，不同的行为人接受的诱因有时是大不相同的。比如，对于一些人来说，存款是最重要的，但对另一些人来讲，和存款相比，自由支配自己的时间去冲浪更重要。

这么一来，在理论和现实之间，就出现了难以解释的差异。就在这时，用欲望和诱因来解释人的行为的心理学和传统经济学理论终于"见面"了。那些无法解释而搁置一边的异常现象，似乎终于可以得到解答了。

特别是通过那些解释人们决策过程的实验，我们能够知道：当面对各种状况时，人们都想了些什么，又是如何行动的；在影响个人投资者决策的诸多因素中哪些是起决定性作用的；多数情况下，个人投资者是否能够获得可观的收益。因为设置了同我们日常生活感觉相近的实验背景，实证研究成为可能。通过这种实证研究可以得知投资者们在面对损失时，大概会被哪种诱因诱导以及倾向于采取哪种行动。

诱因的多样性是异常现象出现的根源

在价值观多样化的社会，构建那些传统经济学和金融工程学设定的理论模型分析特定的经济现象，自有其独特的巨大魅力。但是，这些根据理论模型推导出来的结果，没法保证近似于实际上发生的事情。

前面已经多次提到，我们接受的诱因是不同的。10个经济行为人，就至少有10种诱因。而且这些诱因还极有可能随着时间而发生变化。我们不妨说，异常现象的多样性和变化性正是市场的本质。使用心理学的理论，能够生动地解释异常现象、泡沫经济的产生和价值股的存在。这正是行为金融学最大的优点。

※价值股

指相对于现有收益，股价被低估的一类股票、品牌。它们的市净率比市场平均水平低，理论上，价格比较便宜。

11. 通向非理性的两条路

有限理性、信息不对称等理论的出现，说明大家逐渐将目光从传统经济学理论转向人们行为中的非理性状态。但是，一直没有任何理论能够真正反映人们心理因素的影响，直到行为经济学的出现。

有限理性

传统经济学理论丝毫没有提到人的非理性吗？事实并不是这样。传统经济学理论，虽以理性人为大前提，但也曾分析过没掌握所有市场信息的经济人的行为。

其中的代表便是"有限理性"概念的提出。这个概念认为"经济主体一般情况下是理性的，但由于人的认知能力是有限的，所以人的理性也是有限的。因此，人不能对所有的信息都采取理性的行为"。1978年获得诺贝尔经济学奖的美国经济学家赫伯特·西蒙是"有限理性"概念的主要倡导者。

西蒙当初学习的是政治学，主要从事行政组织的研究。他认为之所以行政组织的形式各式各样，是由于人不是完全理性的，也就是说人的理性存在局限性。他基于这种认识，提出了"有限理性"这一观点。西蒙使用电脑模拟有限理性，它的成果逐渐向人工智能方向发展。

信息不对称

如果所有的投资者都拥有完全信息，那么所谓的内部信息就不存在了吧？因为所有和企业相关的信息都传递给了投资者。如果这种情况能够实现，那么市场就是"有效"的。

但是，这时，股票和证券的价格是如何确定的？价差（利息）成为利润作为投资者的获利，但是这种价差的出现正是由于信息不对称的存在。我们假设只有两位投资者，其中一位掌握的信息较另一位多。

其中一个投资者获得了某企业濒临破产的消息，但另一个不知道，前者卖空了这个企业所有的股票或者债权，从而获得了收益。但是后者很有可能因为不知道这家企业面临破产的风险，而买入了它的股票，最后损失惨重。而正是由于投资者们掌握的信息不全面，所以市场中的交易才能达成。如果所有的投资者都是理性的，且都知道所有市场信息，那么所有的投资者对某一企业股票的出价必定都是相同的，那么交易也就没法进行了。

我们再介绍一个与传统经济学理论所假设的"完全信息"相对的概念——信息不对称。所谓信息不对称是指交易的双方中，一方拥有另一方无法拥有的信息。比如在二手车交易中，卖方是专业经销人员，而买方只是普通人，对此是外行。在这种情况下，专业经销人员熟悉与汽车相关的专业知识，只需看上一眼，便对某辆汽车的状况一清二楚了。但是作为买方的个人，多数情况下是外行，没有相关的汽车专业知识，再怎么仔细查看，也很难得知这辆车的真实状况。由于这种信息的不对称，使得成交价格往往高于市场价格（公允价格）。

行为经济学的作用

1. 正态分布和偏态分布

对于还没找到有效对策应对泡沫经济，可以归咎于对使用正态分布构建理论模型的传统金融学的盲目迷信。

对于传统金融学理论来说，数理分析至今仍是一个非常重要的方法。它的基础是统计学和概率论，常使用"平均"概念、指示各个标本散乱分布状况的"标准差"概念。

价格变动呈现正态分布是金融工程学的一个基本命题，并且认为"金融资产的价格围绕过去的均值上下浮动，金融风险就是标准差"。也就是说，金融工程学是在充分肯定正态分布这一前提条件的基础上构建其理论的，并且认为金融商品的回报率的风险就是过去回报率的标准差。

但实际上，金融资产的价格变动率并不都是呈正态分布的。实际的价格分布图，其左右两侧的高度经常会高于正态分布应该有的高度，也就是出现"肥尾"现象。这种现象也被称作尾部风险。

很多经验人士针对"尾部风险"，在计算价格变动率时，经常做出类似改变发生率权数的调整。

最近，为了使实际发生率更接近现实，很多人制作了不以正态分部为前提的分布图，并据此进行模拟试验。但是，即便是这样，也必须设定一些前提条件。如果前提条件设置错误，模拟试验的精确度当然也会下降。有一些公司使用人工智能进行贸易，但他们并没能获得更大收益。特别是，2008年9月15日雷曼兄弟公司破产，有人指出这暴露了使用数理统计学进行风险管理的弊端。

在分析复杂的金融市场的动向方面，使用数理模型计算金融风险自有其相应的作用。但是，当市场在短期内出现重大变动时，这种方法有可能完全无法发挥作用。因为市场在短时间内发生了重大意外变化，而模型却没能追得上这种变化。

但是，经验丰富的实践操作者们，在雷曼危机爆发前就已经认识到了基于传统金融学的风险管理的局限性。即便如此，由于未能找到更有效、更实用的风险管理方法，很多金融机构和投资基金还是依赖金融工程学进行风险管理。

现在，以国际清算银行为中心，正在开展以今后金融风险管理应构建什么样的模型为主题的讨论，并且强化金融机构资金管理。人们的非理性心理及其影响，不仅可以应用到金融机构，还可以应用到企业风险管理中，这种讨论今后必将更加热烈。

※尾部风险

它是指金融资产收益率通常不呈正态分布，实际的发生率要比理论上高（肥尾现象）的风险。

2. 行为经济学面临的课题

前景理论出现以后，在经济学研究中引入了心理学研究成果的行为金融学和行为经济学获得了长足发展。虽然在分析异常现象方面做出了一定贡献，但是还面临着随意性等问题，这就是行为经济学所面临的课题。

行为经济学现在有什么作用？

丹尼尔·卡尼曼和阿莫斯·特维斯基提出前景理论，开创了将心理学研究成果应用在经济学、金融学研究中的先河。从那以后，金融市场的专家们开始将心理学的研究成果作为一种有效分析工具，在金融资产价格实证研究等多方面获得了不小进展。

因为金融市场出现了传统金融工程学理论中认为不正常的泡沫经济等各种异常现象，市场操作者和投资者们迫切需要一种新的理论能够解释异常现象出现的原因。在这种背景下，使用心理学的成果进行股票价格等价格动向的研究，从20世纪80年代后半期快速发展起来。

受到这个潮流的影响，以丹尼尔·卡尼曼、理查德·塞勒为代表的学者，在研究中引入了认知心理学，开创了新的领域，形成了同金融工程学等传统金融理论对峙的局面。当然行为金融学还没有最终成形，理论研究还在进行中。学者们特别注重通过对认知心理学中的

"认知偏差"等的分析，考察其对投资者决策行为的影响。

另外一方面，行为经济学扩大了研究对象。它使用信息传播路径、追风现象等社会心理学的方法论，检验心理活动对社会经济的影响。在这一点上，可以说行为经济学是站在比行为金融学更宏观的视角来进行研究的。

传统经济学和金融学在分析现实世界中发生的经济现象时面临巨大的困难是显而易见的。由于我们身处其中的现实社会还有股票、外汇、债券等金融市场，异常现象屡屡出现，我们也许应该认识到传统理论中的预期效用假说的应用范围是有限的。异常现象本身就说明了传统经济学和金融学理论的局限性，这些理论应该提高到能够解释异常现象的水平。因此，涉及人类感情、认知能力等因素的行为金融学理论的实用性就显得更高了。

行为金融学的三个课题

行为金融学理论发展至今，仍有以下方面需要改进——当然，这些同样适用于行为经济学。

（1）理论的体系化。

同传统经济学理论相比，行为金融学的理论研究时间尚短，而且各位研究者的研究也是独立进行的，今后，尚需形成一个系统化的理论体系。

（2）明确时间跨度。

为了将理论精细化，需要明示理论对应的时间跨度。也就是说，要了解这些理论是说明市场短期动向的，还是分析市场长期均衡的。这有助于研究者明确自己的研究目的和范围。

（3）为规避随意性积累实证数据。

因为行为金融学采用心理学的研究方法，所以经常被批判其理论的随意性太强。应对这种批判的最好方法，我想就是积累实证研究数据了吧。

由于传统经济学、金融学存在明显的局限性，所以对于完善现有行为，金融学理论就显得格外重要。毫无疑问，行为金融学将会是传统经济学、金融学理论的重要补充。

※预期效用假说

它是传统经济学代表性理论之一，指的是经济体对某一物体或行为做出的选择是为了追求满足（效用）的最大化。

3. 股价为何大幅波动？——让我们试着从实际市场环境的角度思考！

根据有效市场假说，不难得出"股价的变动是无规则运动的"这一结论。因为行为金融学考虑到了人们心理影响的各种因素，所以它能够使我们加深对新趋势的理解。

以股票为代表，在市场中进行交易的各种金融商品的价格，通常都处在不停的变化之中。传统金融学理论认为，股票价格的变化是无规则运动，类似一个喝醉酒的人由于站立不稳，走路摇摇晃晃的。

如果市场是有效的，那么现在的股价能够反映所有和过去、现在，甚至将来有关的一切信息。但是实际上，我们通常没有能够准确地推算出将来股价的足够信息。也就是说，将来的股价我们无法准确地预测。如果是这样的话，那么股价是上涨还是下跌就和我们掷色子一样了。对于这种情况，金融工程学认为"价格的变动是单纯的概率问题"。

但另一方面，因为行为金融学着眼于投资者的心理分析市场环境，所以不受有效市场假说的束缚。行为金融学思考的是投资者们在想些什么、期待什么，以及在这种背景下，企业的动态、宏观经济指标对投资者心理都产生了哪些影响。正因如此，行为金融学往往能够根据市场环境进行灵活的分析。

假设长期来看，股价呈上升的态势。这时，投资者的风险容忍度随着经济状况的改善不断上升。为什么这么说呢？因为股价的上涨和GDP的增长是大大相关的，很容易形成"对经济信心上升＝企业收益改善＝GDP增长率上升＝股价上涨"这样的逻辑，所以他们认为和经济下行相比，股价下跌的风险减少了。传统经济学理论遇到市场欣欣向荣的情况，它的分析还是基于有效市场假设和股价无规则变动观点进行的。

行为金融学认为，投资者的收益基准随着股价的变化而变化，越多的投资者对市场充满信心，就越容易形成一个群体（群体行为），乐观的情绪就会抬头。也就是说，投资者心理的改善，慢慢地在人群中扩散，并逐渐形成类似"那个人买进股票了，我们也买吧"这样的跟风现象。和想要卖出股票的投资者相比，计划买进的投资者的绝对人数在不断增加。这样，上升的趋势才最终形成。

4.博弈论和行为经济学的异同点

博弈论关注的重点是决策产生的"结果"，行为经济学关注的重点则是决策行为的"过程"。这里通过论述博弈论的思考方式来说明它和行为经济学的不同。

决策理论的最前沿——博弈论

在应用心理学的经济学分支（着眼于人们心理和行为的视角）行为经济学和行为金融学出现之前，传统经济学、金融学似乎有意放弃对个体经济人决策的多样性的分析，但是在有限理性理论出现以后，传统经济学理论中出现了一些理论，探讨个体决策的"结果"如何影响其决策者。博弈论就是其中之一。

博弈论是探讨在有多个经济行为体的情况下，每个人利用他人的策略改变自己的策略的理论。行为经济学和行为金融学分析的是经济行为体"经过了怎样的过程才做出这样的决策"，也就是说，分析的是决策的"过程"。与此相对应的，博弈论研究的是"出现了什么样的决策"，即决策的"结果"。

博弈论研究的是如何在基本遵从规则的前提下，将自己的利益最大化。它在企业并购、新产品开发、合作以及价格竞争等方面都有广泛的应用。

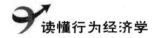

囚徒困境——对自己最好的策略无法同时是对大家最好的策略?

说到博弈论就不得不提到一个著名案例——囚徒困境。囚徒困境的成立需要下面三个条件:

(1)对方合作、自己不合作的话收益更大。

(2)对方不合作、自己不合作收益更大。

(3)双方都不合作比合作的结果更坏。

图表 1-7 囚徒困境

		囚徒B	
		沉默	坦白
囚徒A	沉默	(-3, -3)	(-10, 0)
	坦白	(0, -10)	(-5, -5)

在这三个条件的基础上,我们思考一下这个案例。

囚徒A和B都抵赖或都坦白的话,每个人的刑期都能够缩短。但是,由于每个人坦白的内容会影响双方的刑期,囚徒A和B都不得不想,"如果我抵赖,对方是否会坦白",所以他们不得不在选择时充分考虑对方的决策。

假设囚徒A和B处于被隔离的两间房屋内,无法得知对方的情况。对于A和B来说,能让他们刑期最短的选择是"坦白",坦白是这场博弈的占优战略(无论其他参与者的策略如何,对自己都是最优的策略）。这时，如果双方都选择了自己占优战略，那么结果就不是各自最期待的0年，而是5年。这时，本来对每个人来说都是最优选择的"坦白"，最后却不是全体最优。

囚徒困境给我们的启发是，作为个体的经济行为主体采取了自认为对自己最优的策略，但对于全体来说，结果不一定都是最优的。

和"过程"相比，博弈论更重视"结果"

博弈论是为推算人们的决策结果而建立的理论。比如分析冷战时期美苏两国的关系：如果一方安装了核导弹，另一方应如何选择？这种情景模拟运用的就是博弈论。美国通过这种情景模拟，针对对方所有可能的策略准备了许多灵活、迅速的应对措施。

现在，这种理论仍具有极高的实用价值，但是它完全没有把现象背后的"人们心理活动的变化"作为深入研究的对象。正因如此，行为经济学和行为金融学理论的发展使我们的心理状态和决策之间的关系明朗化，这是分析经济活动的重要因素。

5.物理学和经济学的融合——直面现实的金融物理学

金融物理学（也称经济物理学）和金融工程学一样，都使用数学分析方法，但是有两个不同点：①没有理论假说，根据实际数据发现尖峰胖尾分布规律。②以不存在均衡点为理论前提。它的特征是以实际经济现象、数据为出发点。

超越金融工程学

金融工程学有几个基本理论。一个是投资组合理论，还有一个是金融衍生品定价理论。前者就是资本资产定价模型（CAPM），后者就是布莱克–斯科尔斯模型（简称BS模型）。在金融领域中，它们就像金字塔一样为人所熟悉。这两个模型的共同点是：认为只要样本的数据足够多，无论什么经济现象，都会呈正态分布；认为通过分析以往数据的平均值和标准偏差，使用概率工具就能够算出未来的价格走势。

确实，这种理论可以帮助我们将复杂的金融市场简单化，从而使金融市场变得更容易理解。但是实际上，金融市场并不如模型那么简单、完美。理论和现实之间的差距有时是那么的巨大。

这方面案例中最著名的是LTCM（美国长期资本管理公司）的破产。LTCM对冲基金获得了迈伦·斯科尔斯（因提出布莱克–斯科尔斯模型而获得诺贝尔经济学奖的美国经济学家）、莫顿（1997年诺贝尔经济学奖得主）的加盟，当时被称作"金融界的梦幻组合"，也被夸赞为"单位面积上IQ最高办公室"。但是，由于俄罗斯政府宣布延期支付，导致出现了和"理论上推导出的结果"相反的结果，再加上资金杠杆的作用，最后竟造成高达45亿美元的损失，公司很快走到了破产的边缘（后被美林、摩根出资收购接管了）。

当你分析、理解一个事物时，是以现实为依据，还是以理论为依据？我们的回答当然是以现实为依据了。于是一个新的、站在这个理所当然的出发点上，分析、解释经济现象的理论产生了。

其中之一便是金融物理学。就像它的名字表现出来的那样，这一分支主要是用物理学的研究方法研究经济现象。由于金融物理学也使用数学，所以看上去像是金融工程学下细分的一个分支，但实际上，金融物理学和金融工程学有着本质的不同。在分析经济现象时重现实不重模型这一点上，金融物理学和行为金融学是相通的。后面的文章中有一些专业词汇，希望读者能感受到一些数理系经济学的新潮流。

金融物理学与金融工程学的区别一：是否以正态分布为前提

金融物理学和金融工程学的明显区别之一是"不以正态分布为前提假设"。

金融市场的参与者们一直抱怨："市场价格怎么不是按照正态分布变动的？"具体说，就是市场频现正态分布理论中未曾出现的大幅度价格变化。比如按照正态分布理论，那些相当于标准偏差5倍的巨大价格变动要7000年才发生一次。可实际上，亚洲金融危机（1997年）、阿根廷经济危机（2002年）的发生相隔不过几年。一天内价格涨跌22.6%，这种情况，按照正态分布理论要52000万年才会发生一次。像这样的极小概率事件，在现实中本不应该发生，但在1987年10月19日（星期一）发生了，因此那一天被人们称作"黑色星期一"。

这就是讲尾部风险时经常提到的、众所周知的肥尾现象。尽管这种风险一旦发生，危害巨大，但是金融工程学不愿正视问题、不愿找寻解决之道。

正态分布之于金融工程学，就像公理之于数学。"实际的价格变动真的遵循正态分布规律吗？"对于这个最基本的问题，有意也好，无意也罢，金融工程学已经将其抛之脑后了。"只要假设市场上的价格变动遵循正态分布规律，选择权的价格便会这么变动"，这就是布莱克-斯科尔斯模型。如果价格走势没有遵循正态分布规律，那也说明不了什么。

这时不以正态分布为理论基础的金融物理学出现了。相关研究者通过分析外国外汇市场的资料，发现价格的走势不是正态分布，而更近似于幂律分布，这一前所未有的观点正是金融物理学的特点。幂律分布是指某个事件出现的频率与某个常数次幂存在简单的反比关系。专业书籍中对它有详细的介绍，这里不再赘述。值得注意的是，那些在正态分布中概率小到几乎不可能发生的事件，在幂律分布中会变得极有可能发生。

幂律分布可以为肥尾现象做出解释。如果幂律分布比正态分布更接近现实，那么就没有人会用以正态分布为理论前提的布莱克-斯科尔斯模型来计算选择权的价格了。选择权价格决定模型也会得到改良。

但是，实际的概率分布为什么是幂律分布呢？重要的是，金融物理学从一开始就没有将幂律分布作为理论基础。开始只是搜集市场价格变动的资料，根据真实数据试着制作累计分布函数，结果发现很像幂律分布，因此提出可以形成幂律分布的模型，用来解释经济现象。这就是金融物理学的研究过程，它采用了物理学的研究方法。前面已经说过，金融工程学先假设正态分布是对的，然后构建理论。但是，金融物理学客观地分析真实资料，然后在得出的幂律分布规律的基础上，构建理论。这种差异是它们最根本的不同。

市场交易中一个细小的差别，最终的结果却大相径庭，即"非周期振动"，这是出现幂律分布的内在原因。此外，还因为市场参与者往往根据过去的价格走势来进行预测。金融物理学是与认为"市场价格的变动是无规则的，呈正态分布"的金融工程学截然不同的一种理论。

金融物理学与金融工程学的区别二：认为不存在均衡点

金融工程学理论中最重要的是找到价格的均衡点。该理论认为从根本上讲，即便出现了套利机会，每个市场的价格差也会消失，价格向一个合适的值靠近并获得均衡。不仅仅是金融工程学，传统经济学也认为商品的价格是市场需求曲线与市场供给曲线相交时的价格，无论哪一条曲线发生变化，价格仍然是由新的交会点决定的。总而言之，金融工程学和传统经济学认为均衡才是正常状态，除此之外就是混有噪声的状态。

但是，生物学等学科研究者不这么认为，他们认为也存在这么一种情况，那就是一个值无论经过多久，都不出现任何向某个特定的值靠近的迹象；并且认为，出现这种现象不是因为这种现象太过复杂以致无法出现一个均衡点，而是尽管背景法则很简单，但就是无法出现均衡的状态。也就是说，均衡点这个想法本身就是不成立的。因此，以均衡为基础的一系列的分析就变得异常艰难。像白化症这种基因突然变异、生物个体数量急剧减少等现象，从正常状态突然崩溃的原因与此也有一定关系。

这种观点，在以前的经济学中也有体现，但未得到足够的重视。

从生物个体数量的分布到信用风险的分布

那么，实际金融市场上是否存在无法均衡的情况呢？如果将均衡点看作公允价值，用金融工程学的方法可以算出长期的公允价值。但是这个均衡点是否与所有市场参与者认同的均衡点相一致，就不得而知了。

2008年9月15日，雷曼兄弟公司破产以后，世界金融市场瘫痪。中央银行陷入了前所未有的困难境地，为了阻止行市跌落，不得不大量买进企业短期债券。金融市场的这场变化和生物突然变异一样突然而强烈。

金融市场的这种异常变化，也体现在信用级别的变化上。图表1-8表示的是北美投资级债券和信用度高的美国政府债券的CDS（信用违约互换）利差变化。

图表 1-8　北美投资级债券对比美国政府债券CDS利差

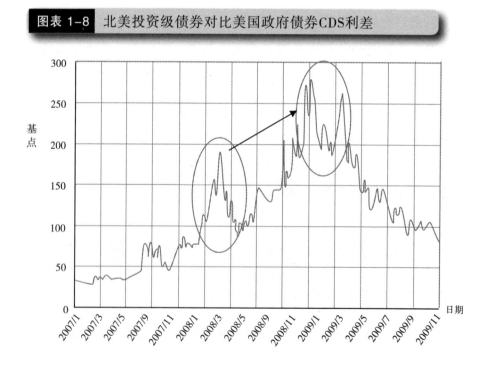

从图表1-8中可以看到，2008年春CDS利差有一个明显的上涨行情，2008年秋到2009年春利差上涨幅度更加明显。每一个行情都是利差大幅上涨。可以成为利差对象的是投资级债券，它规定可以根据企业的级别作为不同的投资对象。一般都是一些违约可能性较低的优良企业的债券。

确实，随着整体经济状况的恶化，企业破产率也会上升，但是关于企业破产率的预测并非那么简单。要估算企业破产率，企业的财务报表就不用说了，还必须充分考虑企业的产品受市场的欢迎程度、竞争伙伴和合作伙伴的动向以及该企业同金融机构和投资者的关系。

实际上，一旦像雷曼兄弟公司一样突然破产，市场受到的冲击无处不在。对于那些直到现在还认为不会破产的投资者来说，这种冲击几乎是晴天霹雳。

生物个体数量的分布由于突然变异等原因而呈现大幅度的上下波动，在这一点上，它与企业信用风险分布有很大的共同点。

也就是说，生物学和经济学之间，竟然有相通之处。

※套利机会
指以较低的价格买入，以较高的价格卖出，以此获得收益的机会。

※CDS（信用违约互换）
这是一种为了规避债务违约风险而进行交易的信用衍生品。例如，债券投资者购买了某家企业发行的债券，为了规避该企业不能兑现债券收益的风险，就和某金融机构签订了CDS合约。这时，投资者需要向

该金融机构支付费用。如果该企业在合同约定期间出现违约，该金融机构根据CDS合约的约定补偿该投资者的损失。从这一点上看，CDS是个很像保险合同的信用衍生品。

※利差

根据CDS合约，红利就像是保险费，差价就是保险费的差价（比如企业债券和政府债券之间的保险费差价）。文中提到的利差就是和国债CDS相比，企业债券CDS的保险费有多高。如果利差扩大，市场参与者会担心CDS参照的企业债券的信用等级是否会下降，发生债务违约的可能性是不是也会大大升高。

〈参考〉各国CDS保险费费率（基点，2010年2月23日）

美国：44.84　　德国：43.9　　日本：73.38

西班牙：128.5　土耳其：198.69　英国：87.26

葡萄牙：167.7　意大利：124.71　迪拜：602.97

爱尔兰：144.73　希腊：364.3

另：一个基点（bps）等于一个百分点的1%，因此，100个基点等于1%。

非理性决策的根源在于大脑

神经经济学入门

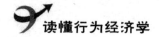

1. 神经经济学介绍

神经经济学结合了神经机制研究和行为经济学对人们的非理性决策过程的研究。神经经济学从神经机制的高度研究人们的决策过程,对刺激等做出了合理的解释。

不讲道理的是大脑?

近些年,神经经济学受到理论界的广泛关注。人们对大脑的广泛、深入的研究,加深了我们对大脑的了解,也促进了神经经济学的诞生。

传统经济学认为,作为经济活动主体的人是理性的、利己的,市场是有效率的。行为经济学和行为金融学对这个理论前提提出了疑问,将注意力集中在人类的内心活动上,致力于对实际决策中不合理方面和市场无效方面的研究。

在对非理性和无效市场的研究中,经过艰难的探索,人们发现人的心理活动会在大脑中有所反映,如此便产生了神经经济学。批评传统经济学偏离现实的是行为系理论，查明其原因在于大脑活动的，是神经经济学，这么想，应该就好理解得多了。

"对大脑的刺激"决定了人的决策和判断

当我们讨论神经机制时，要知道对于大脑来说，信息是一种"刺激"，明白了这一点后面就好理解了。在资本主义社会中，人们通过各种各样的经济活动创造附加价值。同时，从根本上说，所有的经济行为体都把提高自身"价值"当作最大的刺激。

对财富的追求更是如此。投资者们无论是根据自己的经验还是通过对书本的学习，应该很清楚经济泡沫破灭以后，会出现市场瘫痪、经济衰退等严重的后果。即便如此，泡沫经济还是屡屡发生。20世纪80年代后半期的日本资产泡沫、从20世纪90年代后半期开始一直持续到2000年年初的美国互联网泡沫，还有紧随其后的房地产泡沫，都是我们追求财富的"副产物"。对财富的追求长期存在于我们的心里，或者说它就是我们大脑中的一个因子。

传统经济学理论将"我们内心中潜藏有哪些因子"排除在研究对象之外。传统经济学研究的是在以有效市场为前提构建起来的模型中，经济主体会做出什么样的决策。这样来看，也可以说，行为金融学、行为经济学，还有神经经济学都试图解释人们心中潜在的这个追求财富的因子。

神经经济学还是一个新的领域，今后，作为经济学理论大厦的一个部分，将会得到怎样的运用，还不太明晰。但可以肯定的是，神经经济学对大脑的内在秩序及其与人类决策之间的关系的研究，一定能够为行为金融学、行为经济学和传统经济学中所遭遇的难题的解决做出巨大的贡献。

2. 神经经济学和经济学不同寻常的关系

神经经济学不仅和神经科学密切相关，还和行为生态学、博弈论等理论有深厚的联系。因此它能够解释人类感情活动影响的重大性。

神经经济学的起源

神经经济学的基本目的是研究人类在进行各种行为活动时大脑的活动情况。传统经济学创始人亚当·斯密认为，市场由一只看不见的手指挥着，以达到一种供需平衡的状态。而且，传统经济学理论为了分析、寻找这个均衡点，构建了许多模型，并以有效市场为理论前提进行研究。神经经济学却是对均衡出现之前的某个刺激——我们的大脑是基于什么进行决策的——做根本性的研究。

神经经济学的起源可以追溯到20世纪50年代行为生态学家的研究。当时大多数研究人员都致力于开发一个定量模型，以说明最优行为方式。他们使用这个模型解释动物的行为。

当时尚且处于初级研究阶段的研究者们认为，仅仅通过记述动物行为方式的概率就能够在有不确定因素的环境中找到最优行为。而且，他们采取了经济学中使用的假设和格式化，来分析动物的行为。也就是说，他们是在使用传统经济学的理论分析生物的行为。由于广泛采取了这种方法，行为生态学者们得出一个结论，即那些能够更高效地获得食物的动物，比起相对来说生存能力差的动物，拥有更高的适应能力。

因为传统经济学是一门以市场经济的参与者如何合理、理性地行动为研究课题的社会科学，对于想要从单个动物的行为方式中发现一种模型的行为生态学者而言，是一个非常有用的研究工具。

决策研究和神经机制研究的会面

后来，对行为的分析，向着更根源性的方向发展，即研究在实际的决策过程中，大脑做了哪些活动。我们对身体外部的事物和现象做出反应时，我们从这个行动或反应中获得了什么印象或经验，还是未知的。神经学者认为我们做出某个行为，除了条件反射，应该和主体的意识有关。

另外，神经经济学者们做了很多实验。例如在一个使用动物做的实验中，观察对于信号和报酬的改变，神经元有怎样的反应，以此研究大脑的机能。FMRI（功能磁共振成像技术）可以让我们"看到大脑的活动"，这一技术的发展为后来的科学研究做出了重大贡献，成为神经科学研究最盛行的工具。

由于大脑活动分析技术的进步，研究者们开始研究我们日常生活中的感情（喜怒哀乐）以及这些感情产生的反应。在这股潮流中，生物的经济性行为（有策略地、有效地提高利益的行为），以及介于其中的感情，得到系统化的分析。

虽然这些见解给经济学带来的影响有一大部分是未知的，但是研究的可能性还是很大的，这正是神经经济学引起世人关注的原因。

3. 所有的决策均出自大脑

对多巴胺等大脑分泌物的解释，有助于更综合地理解决策行为。

大脑分泌物多巴胺

虽然前面已经介绍过神经经济学的产生过程，但是大脑和心理，以及经济的效率性问题是如何相互影响的，这些大家是不是已经理解了？决策，是由负责思考的大脑做出的，因此，我们的心理因素（比如喜悦）就能够唤起我们的行动。

如果明白了投资行为和脑内物质之间的关系，那么我们对经济泡沫的研究就能够上升到一个新的高度。当金融市场出现泡沫时，如果投资者能够很好地把握上涨的行情，确实能够获得不俗的收益。但是如果股票的价格估值过高，泡沫一旦破裂，市场行情会急剧下降，投资者们也很有可能损失惨重，雷曼兄弟公司的破产就是这样。很多投资者认为，继贝尔斯登公司得到救助之后，雷曼兄弟公司也会得到救助，结果，这只是投资者的一厢情愿。之后，市场一片混乱，很多投资者陷入流动资金枯竭的困境，并纷纷懊悔不已。

为什么那么多投资者会懊悔不已呢？原因之一就是我们的大脑。比如，当市场整体行情开始出现上涨态势时，对市场极度敏感的投资者们开始投钱，当上涨态势明朗化以后，有更多的投资者向股市投入大量资金。与此同时，各种投资报告、证券公司的研究报告中大量充斥诸如"这次行情会持续相当长一段时间""肯定会大幅上涨"等形势大好的显眼标题。股价越是上涨，市场情绪越是高涨，在这种情况下，投资者们越能感受到赚钱的快感，就像投进100万，赚了20万那么高兴。这个时候的投资者早已不记得什么"股市有风险，投资需谨慎"，满脑子想的都是投入更多的钱，获得更多的收益。而且多巴胺给投资者的决策施加了影响。

脑细胞的活跃度随着多巴胺的分泌而增加。多巴胺是大脑分泌物，当我们活动或者感受到快乐时，由多巴胺传递信号。当我们想要学习或者打算开始工作的时候，大脑就会分泌多巴胺。也就是说，大脑在我们想要做什么事情的时候，分泌多巴胺。多巴胺对我们的决策有很大的影响。

大脑总是希望效用最大化

问题是，投资者自己无法得知多巴胺的分泌情况。如果投资者能够明确认识到当大脑开始分泌多巴胺时，自己对投资风险的态度就会改变，那么他们对经济泡沫的态度也许会不同。如果这样的话，他们在经济泡沫的最高峰时期，也许就不会跟风买进，损失也许就不会那么惨重。

大多数情况下，我们通过股价走势的上升感受股价的变化。眼睛看到股价上升是我们认识到股价上升了的第一步，而这种认识是在大脑中进行的。然后，思考如何效用最大化，并采取行动。这便是你的决策过程。

认识、思考和分析、决策，这一连串的动作都是在大脑中完成的。我们所有的行为，无论是有意识行为，还是无意识行为，都是由大脑下达的执行命令。大脑神经到底是如何判断、感觉活动的，还是神经经济学有待解决的课题。

研究者们为了解决这个问题，进行了各种各样的实验。从这些实验中得到的部分结果显示，大脑决策活动和博弈论有一定联系。当大脑发出将效用最大化的信号时，实际上，经济行为体也在尝试综合性地分析自己应该做出什么样的决策。

4. 大脑生理学？神经经济学可以称得上是经济学吗？

在现阶段，神经经济学不被看作经济学，而被认为是大脑生理学延长线上的一个部分。这也没有什么让人觉得不可思议的。但是我们有必要明确两个课题：①弄清楚神经机制和决策过程的关系；②确定决策活动的时间轴，以进一步提高研究的精细度。

经济学家的反省

科学家对神经机制研究的进展，毫无疑问大大推动了经济学领域的发展。特别是大脑生理学研究的发展，有助于我们了解大脑处理信息的方法，比如，对于某些信息大脑是如何学习的等。这些必将成为我们摸索、制定市场制度非常有用的研究材料。

另外，作为经济学者，对于神经机制应该了解多少或该如何了解，尚没有答案。也就是说，神经经济学为解释经济事件和经济现象而提出的理论的普遍适用性有多大，这一点还没有得到解决。那么为什么还没有得到解决呢？因为，对神经机制的研究尚未发展到能够系统地分析经济事件和经济现象的程度。说实话，对大脑的研究今后肯定会有所进展，但是经济学者要如何参与到相关研究之中，还没有一个明确的模式。

现在，神经经济学的主流研究方式是实证研究，即研究在特定状况下，市场参与者的大脑有什么样的反应，会做什么样的决策。同时也确有一些严厉的批判者指出神经经济学主要只是介绍各个实验的结果，这些实验相互没有联系，零零散散，因此神经经济学的研究毫无体系可言。但是神经经济学的研究成果今后一旦和行为金融学、行为经济学相结合，一定能够为大家提供有创造性的、新的理论成果。

神经经济学的两个课题

不得不承认，着眼于神经机制的神经经济学这个学术领域，可以说才刚刚出现。证据是那些已出版的神经经济学相关书籍的作者大多是有着医学领域研究背景的学者。其中的一些研究明显有着大脑生物学延伸的痕迹。所以，对于现在神经经济学到底属于"经济学的一部分"还是就是"大脑生物学"，众说纷纭。

既然神经经济学以经济事件和经济现象为研究对象，那么经济学者就应该更加积极地在这个领域多多发言。下面就有两个有待研究的课题。

（1）确定神经机制与经济决策间的关系。

神经机制在决策活动中充当了什么样的角色？如果这个问题得到了解决，那么就有可能用神经经济学的理论系统地解释人类的决策活动。

（2）明确决策活动的时间轴。

决策过程有短期的、中期的和长期的三类。将效用最大化的时间跨度不同，预测的难度也大不相同。一般来说，预测短期决策过程比预测长期的要困难。因为它们对风险的处理方法有很大的差异。如果想在短时间内获得最大收益，那么极有可能风险过高。我们有必要弄清楚，短期、中期、长期的决策过程分别会受到什么因素的影响，以及大脑是如何活动的。如果能够了解不同时间跨度内大脑的活动机制，就能够更详细地解释经济活动中大脑的活动情况。

神经经济学的发展蕴藏着一种可能性，即成为比被亚当·斯密称作"一只看不见的手"的市场机制更容易理解的理论工具。因此，有必要画出一条分割线，说明到哪儿为止是可以被叫作神经经济学的经济学理论，从哪儿开始是关注神经机制的大脑生物学领域的理论。

第二章

为什么没法做出理性的决定
——害怕亏损而被欺骗

前景理论

将人计算价值的方法理论化

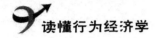

1. 非理性决策一：前景理论和价值函数

　　行为经济学的理论基础——前景理论，使解释传统经济学中的异常现象——损失回避倾向、镜像效应等变得可能。

非理性决策是怎么回事？

　　行为金融学的理论基础是前景理论。这个理论的最大特点是能够解释人们的实际行为，和实际最为贴近，因此能够解释以完全理性人为理论前提的传统经济学很难解释的经济现象。而且，为了说明人们采取的实际行为，前景理论将人们对价值的感受理论化、数值化。

　　前景理论的提出者卡尼曼和特维斯基这样记叙了他们得到的一个结论："成为人们决策基础的价值，随着特定状态的变化，即偏离参照点而产生的利益或损失的变化而变化。"

　　他们两人研究人们的决策过程，提出了一个以价值函数为核心内容的理论。这个理论能够描述当一件事情发生时，人们从中发现了哪些利益。"如果选择这个，会给我带来哪些好处"是我们在进行决策判断时主要考虑的事情。也就是说，我们是基于价值的判断进行决策的。价值函数是决策者得到的收益或遭受的损失与决策者的主观价值之间的函数关系。（图表2-1）

图表 2-1 价值函数

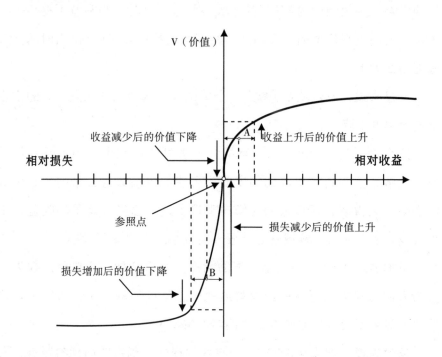

价值函数的中心点是人们进行判断的基准，也叫作参照点，通过实际收益或实际损失相对参照点的位置关系和距离，表示人的主观价值。

对损失的考察

在这个价值函数中，存在第三象限，即决策者已经受到损失的负数区域。这个损失区域通过价值函数，以参照点为基准，可以解释传统经济学的期望效用理论无法解释的高风险决策过程。

看着这个函数图，思考一下为什么这个理论给经济学带来了革命性的影响。函数图中的A显示处于收益状态，这时，当利益再提高一个单位，人们主观价值的上升幅度已经不像函数从参照点到A点时的上升幅度那么大了。

反过来说，收益从A点减少一个单位，函数回到参照点，人的主观价值大幅度下降。

这个例子说明，虽然从A点继续下去可能得到更高的收益，但是万一失败，主观价值下降的幅度要比可能的更高收益带来的主观价值的涨幅要大得多，所以人们更倾向于接受这个已经确定了的收益，不再冒险，表现在股票领域就是持股人会较早地卖出盈利股票。

下面看一下B点。B点是受损的状态，如果增加一个单位的损失，因为人们对损失的感受已经变得迟钝（感受度递减）了，所以主观价值的下降幅度没有从参照点到达B点时的降幅大。

反过来说，如果从B点减少一单位的损失，函数图回到参照点，人的主观价值会大幅度提高。

从这个案例中我们可以发现，虽然有一定风险，人们通常还是愿意改善现状。这就是行为金融学里的一个概念——处置效应。

价值函数和两种有趣的决策

价值函数可以帮助我们解释很多问题，譬如下面两个在现实的经济活动中存在的不合理的决策现象。用价值函数说明这个被传统经济学放弃的异常现象，不啻为一种壮举。

（1）损失回避倾向。

当损失和收益一样大时，人们对损失更敏感。

（2）镜像效应。

当获得收益时，决策者更倾向于回避损失（满足于到手的收益）。相反，当处于亏损状态时，决策者对风险的容忍度会提高，他们的行动更加大胆（冒险改善现状）。或者说，当状况从收益变成亏损时，人们的决策方法会发生很大的改变。

2. 损失和利益是不对称的——价值函数

前景理论的核心内容是价值函数。这里重要的是，价值函数不仅仅能解释收益，还能解释出现亏损时人们的心理状况。

用参照点"读""不对称"的心

当用价值函数来看传统经济学理论，我们会发现，传统经济学理论也有价值函数中第一象限（参照点右边、获有收益）的部分。但现实生活中，我们买的股票不是只涨不跌，而且人的主观价值通过距离参照点的位置和远近体现，所以前景理论制作了包括负价值（损失），即第三象限的价值函数，这也是前景理论的一个特征。

图表 2-2　股价的变化与参照点

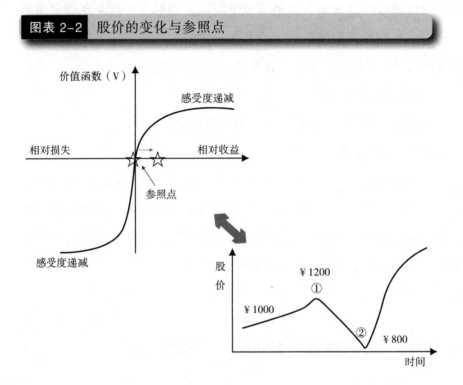

比如，我们以1000元一股的价格买进了某只股票，如果股价上升到1200元，那么我们就获得了200元的收益。相反，如果1000元买进的股票跌到700元，我们就得到−300元的收益（＝损失）。

然而，我们内心的感受并不与收益或损失的绝对值成正比。因为，400万元存款带给我们的快乐，不一定就是200万元存款带给我们的快乐的2倍。一般来说，随着存款额的不断增加，它能够给我们带来的快乐却在不断减少。另外，200万元存款带来的快乐，难以抵消丢失200万元的痛苦。

那么，我们可以得到这个法则，"根据距离参照点的远近进行决策"。

当我们面临收益和损失时，以主观设定的参照点为基准点，以偏离基准点而得到的"快乐（＝效用）"为基础进行决策判断。

价值函数反应"主观"

我们还是以前面以1000元钱一股买进某股票为例。

参照点就是买入价1000元。①表示每股获得200元的收益，这时内心产生正价值。那么，当股价由1200元跌到②的800元时，会发生什么情况呢？因为现在是亏损状态，所以收益为负。投资者基本上应该根据这时的收益值采取行动。当出现200元的收益时，为了增加收益，会继续持有该股票。

相反，即便收益已经为负，如果认为股价会上升，收益也会为正，就应该继续持有该股票。或者说，直到收益低得无法承受，才将股票卖出。

这里需要注意的是，会出现后面将要讲到的参照点也会变化的问题。比如，当出现200元收益的时候，有可能会把200元的收益值加进来，然后期待更多的收益。这时参照点已经从1000元变成1200元了。这就是投资者根据情况，主观改变参照点的现象。

另外，投资者也可能根据自己主观感受到的效用的大小，改变自己的决策。仅凭这些就可以说，很难认为"由依赖主观判断的投资者构成的金融市场"是合理的。

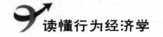

3. 内心的标准为什么猜不准？——参照点的变化

参照点是人的主观反映，与人们思考问题的方式一起不断变化。那么，为了让我们的决策更加恰当，有必要知道现在自己的参照点在哪儿。

每天变化的基准

在扩展的前景理论中，重要的是参照点的移动。

下面以元旦前后排队等出租车的事来说明。很多人因为等的时间要比平常日子长而心烦气躁。平时，出租车候车点不会出现排长队的情况，即便有人排队，你也可以轻而易举地在主干道旁边伸手拦下一辆出租车。这个时候，对于乘客来说，搭乘出租车不需花费什么时间。

假设在平常的日子里，我们平均花5分钟就可以等到一辆出租车。那么，到了元旦前后，特别是将近半夜的时候，车站前等待出租车的人群排成了长龙，没半小时根本等不到车。我们平时等出租车花费的5分钟，就是我们的参照点，现在我们很焦躁，因为和平时（参照点）相比我们不得不花费更长的时间。

假设有的人只在元旦前后使用出租车，那么他们等车的基准时间就是30分钟，和那些平时也使用出租车的人相比，他们就没有那么焦躁。

所谓参照点，是人在认识事物、评价事物时的一种标准。一个人，认为一件事有多大的价值，是由他的主观因素决定的。对于某些人来说具有极高价值的事情，对另外一些人来说很有可能价值就没有那么高了。

那些你非常渴望、特别想要拥有的东西，一旦买了下来，或者有了几个之后，那种获得心中所好的喜悦可能会慢慢地变淡、变浅。判断事物的基准就是参照点。参照点是价值函数的原点，就是0这个点。简单说，随着拥有数量的增加，函数曲线不断远离参照点，"渴望的感受"却相对在减少。主观期望值的高低由距离参照点的远近决定。

对财富的执着追求改变参照点

以某投资者以10元一股的价格买入一只股票为例（这时，投资者的参照点是10元）。投资刚开始时，这位投资者将目标股价设为15元。投资者的判断很准，股价在不断上升，很快就上涨到之前设定的目标股价——15元。这时，投资者需要观察周围的市场状况，决定下一步的投资策略。由于股市表现强劲，尽是利好消息，所以投资者认为股价会继续上升，并能升到20元。这时，参照点变成了15元。

假设股价下跌到13元，这时，投资者会有什么样的反应呢？按照当初的参照点——10元来看，现在的13元，已经获利不少。但是，投资者的参照点已经变成15元了，他会根据这个新的参照点来评价自己的投资成绩。那么按照新的参照点来评价，现在的情况是每股损失2元。投资者是现在就止损，还是继续持有股票，等待股价回升？参照点的变化造成人们对问题的看法发生变化。

这让我们得到了两个教训。第一，我们对财富的渴望，不能无穷无尽。越有钱，就越想有更多的钱，如此循环下去，最后通常都没有太好的结果。

第二，一定要清楚地知道参照点的所在。参照点不清楚就不能绘制价值函数图。同样，参照点不清楚，对一个特定的商品就无法给出一个合适的价格。这样一来，买东西就糊里糊涂的，而且也很容易花不该花的钱。因此，我们在日常生活中要充分运用参考点为我们服务。

4. 反正不能有损失！——损失回避

人们在面临损失时，总是想要回避。这会影响我们的决策。恰当地运用参照点了解损失情况非常重要。

损失的痛苦大于收益的喜悦

根据前景理论，我们知道与有所收益相比，人们在亏损时对风险的容忍度更高。这显示了投资者在面对收益时急于卖掉股票以确定收益的一面。

请大家仔细看图表2-1价值函数的走势，敏感度的下降在"获利"区域比在"损失"区域要快得多。这显示了投资者在面对收益时总是过早急于确定收益，以求落袋为安。

如前所述，当我们面对同样数额的损失和收益时，相对来讲，损失会给我们的心理带来更大的冲击。无论是谁，当看到自己的资金损失时，都会感到巨大的痛苦。

一方面，投资者普遍讨厌股价上升之后又下降，致使自己受损。因此，投资者们确定收益的时间节点往往有提前的倾向。除了卖出持有的金融产品，投资者没有其他的办法逃避未来的不确定性。虽然这个行为排除了将来价格上升的可能性，但是毕竟人总是倾向于回避损失。

另外，因为在出现损失时，投资者总是很不甘心，不愿意将账面损失变成现实损失（卖掉持有的金融商品确定损失），所以总是犹豫是否及时止跌。当然，有时投资者认为自己的判断一定是对的，股价不可能一直在低位徘徊，所以选择坚持。

收益、损失和风险容忍度的关系

前景理论指出，当处于受损状态的时候，投资者偏爱风险。这表现了投资者无论如何想摆脱损失，想有所行动，却被紧紧套牢的心理状态。

如何最大程度地扩大收益，或者说如何最低程度地缩小损失，是投资者永远需要面对的一个问题。风险管理理论为我们提供了非常重要的角度和方法来判断一个行为承担的风险是否过多，或者是否还存在意料之外的风险。毫无疑问，进行这样的判断非常重要。

但重要的是，如何简单、正确地将当时的所有信息和状况了然于胸。随着参照点的移动，人们的内心对风险的容忍度忽升忽降。这种升降很有可能根本就没有合理性。而且，把握市场的根本性的趋势，比如今后市场是上行还是下行，人们的心理状态随着经济状况的改变会发生什么样的变化，这些都很重要。因为大部分个人投资者操作的资金都是为将来准备的储备金，很少有人只用闲置资金投资。所以，我们必须谨慎地考虑止损和套利的时间点。

在前景理论中，人们在收益和损失的情况下对风险的态度不断变化。在套利和止损的时间点上出现的问题是，无法逃避风险发生反转的那个点。如果一个行为或决策的风险过高，那么不确定性也会很高，仓促之间做出并不高明的决策的可能性也会很高。包括投资在内的所有经济活动中，你的投资对象本身有多大风险？随着参照点的移动，经济行为体决策的根据中，那些不稳定因素的风险有多大？确定这些非常重要。

※头寸（在金融领域的含义）

头寸就是款项、资金，指的是当前所有可以运用的资金的总和。在金融市场中，操作者为了获得收益，买进一定股票、债券、外汇等金融产品后所持有的头寸叫作多头头寸，简称多头；卖出金融产品后所持有的头寸叫作空头头寸，简称空头。

5. 非理性决策二：前景理论和决策权重

人们总是根据自己的感觉，对于小概率事件，倾向于赋予过大的权重；而对于大概率事件，则倾向于赋予过小的权重。这种歪曲被称作决策权重。而且，在收益区域和在损失区域，权重是不同的。

根据前景理论，人们在进行决策时，会在头脑中计算它发生的概率，而且这个概率被加以基于决策者主观的权重。这个权重就是决策权重。准确地说，就是"人们对概率的评价并不是根据客观得到的数字，而是用主观评价对概率进行修正"。对于前景理论来说，这一点和价值函数同样重要。

　　决策权重图，如图表2-3所示。图中，横轴是客观概率，竖轴是决策权重，即被主观评价修改过的概率。但是，图中显示的概率不是1～100，而是0～1。与横轴呈45°夹角的直线，是没有"歪曲"的客观权重。前景理论认为，决策者赋予的实际权重和图中的曲线一样，是弯曲的。

图表 2-3　决策权重

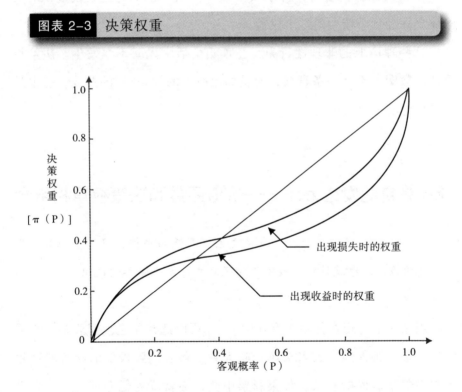

　　卡尼曼和特维斯基认为，从整体来看，对于小概率事件，人们倾向于赋予过大的权重；而对于大概率事件，则倾向于赋予过小的权

重。这就能够解释，为什么人们明知买彩票中大奖的概率微乎其微，但还是心存侥幸；候选人为什么会为能否以80%的得票率当选，而极度不安。回过头来看看我们的生活，就会发现很多事情确实就是这样。人们似乎总是夸大小概率事件、缩小大概率事件。

仔细观察图表2-3就会发现受损时和收益时的权重曲线还是有一些不同的。我希望大家仔细观察这两条曲线。当受损时，人们对小概率事件更敏感，另一方面，面对大概率事件时，赋予较少的权重。

相反，在有收益时，对小概率事件会赋予较小的过大权重，对大概率事件会赋予较大的过小权重。

这些理论上的非理性行为，在现实生活中无时不在发生。决策权重的函数图，不是一条直线，而是如图所示的一条S形的曲线。这也是前景理论的重要特征之一。

6. 决策自此发生偏差——价值函数和决策权重相结合

乍看上去，我们总是过于期待发生概率低的事件，且过于担心发生概率高的事件。也就是说，我们歪曲了对事件发生概率的认识。

想象一下，现在你手头有100万。你可以选择用它投资股票、购买信托基金、买保险，或者买车、吃大餐。还有风险极低的储蓄和巨额大奖中奖率极低的彩票。如果彩票中奖，你就成为亿万富翁了，只要想想自己数钱的样子就会很开心。客观地想一想，对于发生率极低的选择项，我们是不是就不会选呢？这个时候，对发生概率的"主观性的"推测以及对梦想实现的"主观性的"期待，开始发挥作用。这才是决策权重的核心。

下面，让我们将决策权重和价值函数结合起来，思考人们在不确定情况下的决策方法。现在你和图表2-4所示一样，计划将手头的100万元投入股票市场中去。

图表 2-4 100万日元的花法

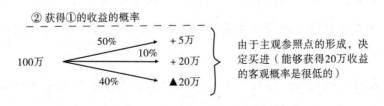

① 对1年后预期收益的推测

100万 → 投资T股票 → 也许能赚5万，或者是10万，也可能亏…… }

能赚20万！以100日元的价格买进刚刚好（形成参照点）

V

相对收益

▲20　　0　　+20

② 获得①的收益的概率

100万
50% → +5万
10% → +20万
40% → ▲20万
}
由于主观参照点的形成，决定买进（能够获得20万收益的客观概率是很低的）

【参考】合理判断的预期值：（50%×5）+（10%×20）+[40%×（▲20）]＝▲3.5万

投资者们会首先预测自己在一年中可能获得多少收益。这个预测虽然是根据净资产收益率等客观的财务数据得到的，但是你对这个预测中的收益强烈的渴望也是你在预测时的决定性因素。

也就是说，首先根据客观经济数据（净资产收益率、股票收益率等）得到可以获得一定收益的信息，但是投资者的主观期待，很有可能会给这条信息施加巨大的影响。然后，根据这个期望值，投资者决定买入价，参照点也就形成了。

投资者追求的收益越高，参照点从原点移动的距离也就越大。即便超过半数的市场参与者期望的最大收益是5万，这个投资者也不为所动。他以能够满足自己欲望的利益水平为基础，决定自己的买入价格，再根据参照点的移动距离和自己的满足度之间的关系，决定自己的策略。

之后，投资者会估算风险。图表2-4描绘了T股票可能出现的三种风险。有50%的可能获得5万的收益，有10%的可能获得20万的收益，还有40%的可能是损失20万。这都是根据客观的概率得到的风险权重。客观来说，这次投资的平均期望值是-3.5万，期望值为负，因此，明智的判断是"不进行投资"。

当然，实际进行判断时，并不像理论上这么条理清晰。假设投资者认为他在一年中可以获利20万，那么决策权重很有可能会让投资者无视20万收益的客观发生概率很低的现实，相信获得20万的收益是很可能的。

人的主观判断还存在于个人对风险的容忍度上。如果拥有众多金融资产，无论面对多大的损失都丝毫不会感到紧张的投资者，那么即便做出了上述决策也不会有什么奇怪的。

相反，如果一个投资者只有100万元的金融资产，那么即便是考虑投资安全性相对较高的国债等价格下跌风险较小的金融产品，也会犹豫。

低收入群体对住宅价格永远上涨的期待总是过高，而且有很多投资者根据住宅价格的走势，面对被称作"双刃剑"的美国房地产泡沫仍然持有一种美国房地产价格会继续上升的幻想，从而夸大了从中可得到的收益。可以将这看作是价值函数和决策权重双重影响的典型事例。

如前所述，我们总是倾向于对小概率事件抱有太高的期待，反过来，又对大概率事件有太高的警惕。这就成为异常现象，比如经济泡沫产生的温床。但是如果善于利用异常现象，那么可以在短时间内提高投资收益，这也是事实。

7. 内心擅长辩解——处置效应

当我们的决策给自己带来损失时，我们心里会为自己的行为做出让自己满意的辩解，这种认知方法就是处置效应。这一效应对日常决策有很大的影响。

为自己辩解扰乱了判断

很多投资者在套利方面做得不错，但是似乎总是无法适时地止损。这是因为，当获得收益时，投资者更倾向于回避风险；而当面对损失时，则更倾向于冒险一搏。

当面对收益或损失时，我们总是倾向于在心里给自己寻找有利的理由。行为金融学将这种认知方法称为处置效应。

下面我们通过一个虚构的投资案例来详细了解一下。

一个工程技术公司J公司，有两个车间，分别为A车间和B车间。无论是哪一个，前期投资和其他相关费用都是相同的。社长通过向银行融资，获得100亿元的追加资金，以提高车间的生产能力。但是无法同时为两个车间融资。而且他预测，如果没有追加资金的话，每个车间的期末损益和现在相比不会发生改变。

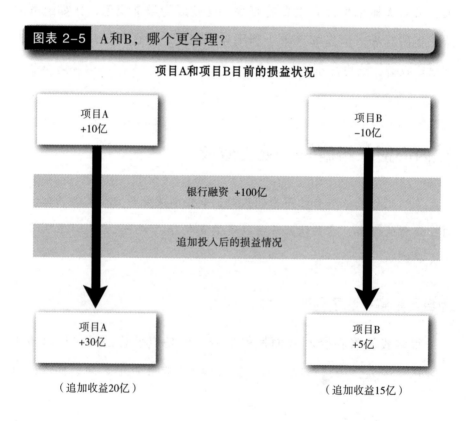

图表 2-5　A和B，哪个更合理？

项目A和项目B目前的损益状况

项目A
+10亿

项目B
-10亿

银行融资 +100亿

追加投入后的损益情况

项目A
+30亿

项目B
+5亿

（追加收益20亿）

（追加收益15亿）

　　社长看着如图表2-5所示两个车间的损益状况以及投入追加资金后各车间的收益水平，陷入了巨大的烦恼之中。因为，根据当初的计划，是期待B车间能够为公司带来大大超过A车间的收益，现在B车间却亏损10亿。实际上，J公司在B车间安装了他们自主研发的最先进的海水过滤系统，可以满足中东地区的灌溉用水需求，是J公司最核心的业务。外界对B车间的关注度也很高，这个车间一直处于亏损状态的话，证券公司的分析师们势必会大大降低对J公司发展前景的预期。更有甚者，社长还有可能被追究经营管理不善之责。

　　社长是这么考虑的："A车间已经开始出现盈利，说明正在按照当初的设想顺利运行。B车间融合了我们公司最核心的技术，无论如何必须成功。中东地区利用海水灌溉的困难众所周知，5亿的盈利，无论对于证券公司的分析师，还是对于投资者来说都是一个利好消息。而且，如果在期末时两个车间都是处于盈利状态的话，我作为经营管理者面子上也好看些。"于是，社长决定将追加资金投进B车间。

　　现在了解决策的非理性了吧？如果将追加资金投向A车间，就会得到20亿的追加收益，即便B车间仍然亏损10亿，最终整体上还是能够得到20亿的收益。但是，如果将资金投入B车间，虽然B车间在期末能够出现5亿的收益，但是因为A车间的收益还是10亿，所以公司的整体收益只有15亿。由此可见，将追加资金投给A车间才能让公司的收益最大化。

　　管理者就是因为不愿意让B车间亏损，才做出了这个不合理的判断。这就是处置效应中无法止损的典型原因。

为了自我满足而做非理性选择?

处置效应和价值函数一样,都是行为金融学的基本概念之一。在上面的例子中,J公司的社长为了满足自己将车间扭亏为盈的心理,而做出了向B车间追加投资的决定。确实,没有人能够保证现在盈利的车间以后100%也会盈利。但同时,也没有一个完美的理论性依据,可以保证车间会扭亏为盈。所以,还是将资金投入目前运转良好的A车间更加合理。

正像处置效应描述的那样,当面对损失时,我们有时会自暴自弃。盈利和亏损,我们应该加强或者改善哪一个?当面对这种问题时,如果我们能够冷静地应对处置效应给我们制造的影响,别说是日常业务,我们作为个人投资者的投资收益也极有可能会大大不同呢。

8. 你的"急性子度"——双曲线贴现模型

面对盈利时我们总是及早套现。我们的这些"急性子"行为,利用行为金融学的时间贴现率理论可以做出解释,当然也和价值函数有关。

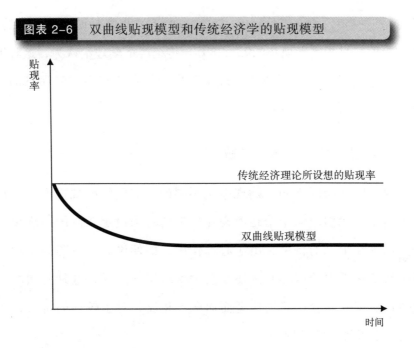

图表 2-6　双曲线贴现模型和传统经济学的贴现模型

今天的价值和明天的价值是不一样的

对于将来可能带给我们的满足感，我们对它的评价或感受会因为心理因素的影响而进行贴现。比如，一年后可以到手的100万和明天就可以到手的100万相比，我们一般认为明天就可以到手的100万能够带给我们更大的满足感。

根据现在价值和将来价值来考虑，现在拿在手里的100万和一年后得到的100万的价值是不同的。因为必须考虑利息的问题。由于存在利息这一筹措资金时发生的成本，那么多少钱按照什么样的利率在一年后是100万呢？我们假设一年期的利率是5%，那么一年后的100万的现在价值就是100÷1.05＝95.238万。同样，现在的100万，按照相同的利率水平，一年后的价值是100 × 1.05 = 105万。也就是说，一年后的100万的价值，只相当于现在的95.238万。传统经济学理论认为，这种贴现率基本上是不变的（所谓"贴现率"指的是在比较不同时间点的金钱价值时使用的利率水平）。

用双曲线贴现模型测算"急躁度"

由于时间跨度不同，贴现率是不同的。双曲线贴现模型认为在实际生活中，我们倾向于给距离现在较近的将来设定较高的贴现率。对于距离现在很近的将来，由于心理作用，即便设置了较高的贴现率，将金钱拿在手中的这种刺激还是会发生作用。同时，这种刺激的效用也会被贴现并随着时间的流逝而递减。相反，对于较远的将来，我们倾向于设置较低的贴现率。

传统经济学理论假设贴现率是稳定的，而双曲线贴现模型则假设贴现率随着时间的流逝不断下降。也就是说，由于在面对较近的未来时我们容易变得急躁，所以会贬低现在价值。相反，对于较远的未来，贴现率则下降了，这是受到了期待较高效用的心理的影响。急于套利、推迟止损的心理会促使我们放弃将来可能的收益上涨，而按照眼前的盈利水平将收益确定下来。

另一方面，当价格回升，我们从亏损转为盈利时，我们感受到的满足感会很高。没有了账面损失，投资失败的沮丧之情也烟消云散了。我们是如此迫切地希望股价出现大反弹，对将来效益报以极高的期望，所以往往延误了最佳的止损时机。

认知失调

为何你的选择如此愚蠢？

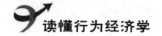

1. 纠结感从何而来

最近在金融市场上，由下而上的投资策略逐渐受到人们的欢迎。此方式主要是先研究和分析有潜质的公司，然后研究所属行业及宏观经济因素，这种投资策略不易受到国家及行业未来发展的影响。

操作者常常持有那些经过自己深思熟虑看好的公司。因为操作者对这个公司观察、思虑了很久，并且认为此公司的股票以后必定会大涨，所以即便股价并没有上涨，甚至还不断下跌，他可能也不会及时止损。

按理来说，如果一家公司没能获得良好的收益，就应该尽早止损，以便寻找新的投资机会，这样才更有可能盈利。但实际上，投资者不是这么做的。"就是想止损也做不到"的这种抵触，就是纠结，是由认知失调引起的。

让我们具体看看投资者的心理。

"这个公司是我花费了所有的心血才发现的。我是根据多次修改过的模型分析得来的，而且大家对这个模型的准确度评价特别高。另外，这家公司的竞争力很强，每年的财务报表也很漂亮。而且，还没有其他的投资者关注这个公司，所以它的股票将来必然大涨。现在它虽然受到股票市场普遍疲软的影响，股价下跌，但是潜力仍在，我的分析应该没有问题。"

正是这种强烈的自信和抵触情绪，大家都无法认识到自己的错误。因此，不仅仅是投资家，所有的经济主体都很难做到及时止损。特别是在实际的投资活动中，止损意味着对自己的否定，所以做出这种决策总是那么的艰难。

2. 责任歪曲决策——认知失调

承诺越好，当实际的结果和预期不符时，我们内心中不协调（失调）的感觉就越强烈。正是这种认知失调，使我们无法做出合理的决策。

认知失调是指由于做了某些与态度不一致的行为而引发的一种不舒服、不愉快的情绪。这种不愉快的情绪有时会让我们受到难以接受的自我否定的折磨。因此，为了消除由于认知失调而产生的心理紧张感，我们的内心会做一些处置措施。认知失调的前提是对心理的对立感到不愉快，总是希望尽快解决这种认识上的对立。

当感到不协调时，人们会改变造成不协调感的个别认知内容，以达到不用自我否定就能够消除这种不协调感的目的。人们会找各种理由进行狡辩，欺骗自己的内心，以证明自己的想法和所做出的判断都是对的，从而消除由不协调而产生的紧张感。

我们举一个简单的例子。午饭时，犹豫吃寿司还是吃天妇罗（一种日本食品），最后选择了天妇罗。

在这个案例中，因为我们最终选择了天妇罗，所以所有对"选择天妇罗"不利的信息和认识都会使我们内心产生不愉快的感觉（内心失调）。那么为了消除这种不愉快的感觉，我们会寻找支持我们选择天妇罗的信息和认识。比如，我们会用否定的、消极的信息，替换与我们没有选择的东西相关的积极的、肯定的信息，用"里面也许有鱼特有的腥臭味"来代替"寿司又新鲜又好吃"。根据情况不同，有时不仅是改变认知内容，甚至还会直接无视那些和自己的想法相反的信息。

认知失调只会产生于与我们关系密切的、我们留意的事情，对于那些不用我们选择或我们无法选择的事情，我们不会产生不协调感。比如，天妇罗炸过后看起来很好吃，与做天妇罗的人是胖是瘦根本没有任何关系。

另外，认知失调对做决策需承担的责任也有很大的影响。这种责任广泛地存在于各种决策中，小到午饭吃什么，大到巨额投资。这些责任都有一个共同点：由于你的选择，你可能会从中得到一些好处，但同时，其他选择项可能带来的好处你就得不到了。决策时的责任越大，一旦产生认知失调，那种不协调感就会越大。

3. 扰乱心神的责任

你迫切地想要成功，可是这时你却不得不放弃。事前你越是深思熟虑，现在你越是没法做出决断。我们的心常常被责任束缚。

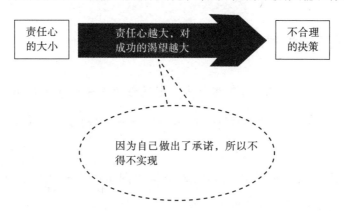

图表 2-7　责任心干扰决策

如果一个决策优先考虑的是能不能让自己满意，那么决策的结果就有可能不尽如人意

责任心的大小 → 责任心越大，对成功的渴望越大 → 不合理的决策

因为自己做出了承诺，所以不得不实现

　　所谓"责任"是指现在为将来做出一些决定，而且要求自己必须严格执行这些决定。我们在实际执行一个项目时，会先计划好将投入多少钱、多少时间和劳动等。投入资源的多少对运营有很大的影响。投入越多，越希望项目能够圆满达到目标，这就是人们的心理。

　　但是之所以会有"圆满达到目标"的想法，有时是为了提高经济收益，有时仅仅是因为"已经投入了那么多资源，绝对不能放弃"，所以才希望坚持下去。这种情况下，人们已经将项目本身是亏还是盈置之度外了。

　　毫无疑问，谁都希望获得更多的收益，享受胜利的喜悦。但是，要是能够顺利按照当初制定的战略、方案进行，最终获得不俗的收益是最好的了。和偶然的成功相比，自己强大的责任心更能给自己带来满足感。但是很多时候，事情并不是按照自己的方案进行的，有时甚至朝相反的方向发展。这个时候，做出"承认失败，马上停止"的决定实际上并不容易。你的责任心越强，这个困难就越大，因为你被自己束缚住了。

4. 责任和失调的四个原因

①这是自己选的；②有向第三者说明的责任；③对付出有依恋；④做与众不同的事。在这四种情况下，认知的失调会加大，需要更强大的责任。

责任的大小和认知失调的大小是由四个因素决定的：①选择的自由；②说明责任；③无法收回的成本；④偏离寻常。

① 选择的自由

只有决策是自发进行的才会产生责任。也就是说，如果是被别人强迫或受人指使做出的行为，自己的责任就比较小。如果不是自发地进行决策的话，就会感觉自己没有承担责任的必要。

② 说明责任

决策上的责任和说明责任成正比。换句话说，你的决策可能会出现什么样的结果，你有必要对此做出一定程度的预测。如果预测对了，而且实际结果比预测的更好，人们倾向于归功于自己的能力高。

如果实际的结果是消极的、否定的，人们则只会感受到有一定的说明责任。因为人们倾向于像这样，"之所以会失败，都是因为那个人没准备好"，将责任推卸给他人。另外，说明责任不仅包括自己本身的说明责任，还有别人硬塞给你的。这被称作"基本归因错误"。特别是基金管理者，对很多投资者（第三者）负有说明责任时，这种倾向尤其明显。具体见图表2-8。

图表 2-8 基金管理者负担的说明责任

	出现损失时	出现收益时
投资者	这个管理者很不行，管理的基金都亏损了。（投资时间选择得不好，是投资者自己的失误，他却将之归咎于基金管理者。）（基本归因错误）	这个管理者很不错，我再多投点。
基金管理者	管理者不仅要对自己的投资失败负责，对投资者的失误也要承担责任。而且投资者把之前的投资还撤走了。	成功是因为自己的实力！即便最后的结果和之前预测的不同，也将出现好结果的原因归于自己。

③ 无法收回的成本（埋没成本）

埋没成本在此处指的是在决策过程中以及决策本身花费掉的成本。比如在选定某一特定项目前花费掉的时间和劳动。也就是说，"我已经为这个项目花了这么多精力，不能这么简单地放弃了"。

但是冷静下来仔细想想就能够知道，这个成本已经付出了，无论这个项目后来是成功还是失败，都和负担这个成本没有关系。明白了这一点，我们就能够知道，如果这个项目的成功率明显很低，理性的选择应该是果断撤退。但实际上，人们的内心并不是这么理性。我们心里实际想的是"我这么努力，肯定会有所回报的"。

④ 偏离寻常

这里的"寻常"说的不是正确或错误，而是指大多数人做的事情。大多数人都有一种随大流的倾向，也就是做大家都在做的事，才比较安心（这种现象也被称作追风效应）。

反过来，如果做和大家截然相反的事情，往往会感到不安。这也是产生不协调感的原因之一。因此，同寻常行为的偏离越大，对决定负担的责任就越大。总之，如果你做的事与其他人不同，你必须做好相应的心理准备。

※埋没成本

它是指在项目进行中，一旦投入就无法收回的成本。它也被叫作沉没成本。

5. 泡沫经济中的认知失调

在泡沫经济中，冷静的判断本身就意味着和周围人的行为不同，所以你会感受到很强烈的不协调的感觉。有时，合理的判断需要相当大的心理准备。

一般来讲，"寻常 = 日常"，那些采取偏离寻常（等于非日常）行为的决策者们都深思熟虑。比如在泡沫经济的最高峰，几乎所有的投资者都认为股价还会继续上涨，所以还在不断向股市投资。如果有一个投资者认为"现在市场泡沫太大，太危险"，而从股市撤离的话，他心中不协调的感觉肯定很大吧？如果这时股价还是继续上升，那些做空的投资者内心也会产生巨大的失调吧？

如果认知的失调反复出现，可以说这个人是个不敢取消自己决定的胆小鬼。一个人中途推翻自己的决定（即便这是合理的判断），内心往往非常痛苦。很多人都不愿意品尝这种痛苦，或者说，跟着大家做更容易一些。因为和大家保持一致，所以不安的感觉就很小了。

图表 2-9 泡沫经济和认知失调

·泡沫经济：出现的原因很简单，人们很容易闻风而动 例如在房地产热潮中，土地价格一上涨，很多投资者就一窝蜂地跟进 ·买了之后就涨了，于是还想再买 ·股价不断上升的狂热（将上涨的原因过度地归功于自己） →幻想自己能够获利的能力 →赚钱的责任心增大 →在经济泡沫破灭前，看跌的言论极少 **在普遍看涨的行情中，"做出偏离寻常的行为"是非常困难的，它伴随着巨大的不协调的感觉。**

·行情急剧下跌

→操作者认为"市场环境不好"

→年金基金认为"基金管理者没有操作技巧"

·寻找合适的脱手机会

→由于取消决策，成本上升

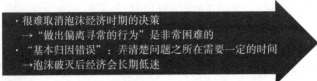

· 很难取消泡沫经济时期的决策
→ "做出偏离寻常的行为"是非常困难的
· "基本归因错误"：弄清楚问题之所在需要一定的时间
→泡沫破灭后经济会长期低迷

日经平均股价（日元）

但是如果一味地避免内心的认知失调，是无法做出正确的决策的。有时必须做好忍受这种痛苦的心理准备。这个时候，希望你能够想起"认知失调"这个概念。

6.维持现状偏差和认知失调

我们的内心常常存在着对现状的执着。这种想要维持现状的偏差不断歪曲着我们感受价值的方式。

当发起新行动时，我们也有可能产生认知失调。回想一下，我们从高中毕业，刚刚进入大学的时候。那时，我们既对新生活充满着各种各样的期待，同时又对即将到来的和以前完全不同的生活感到不安。能适应大学的学习吗？能和周围的同学打成一片吗？我们对全新的生活充满着疑惑。当我们面对新环境，需要做一些以前从没有做过的选择时，我们有时会"想回到之前的状态"。

面对新环境，也可以换句话说是"偏离寻常"。而且，这个时候我们负有更大的责任，因为我们不得不"放弃对现在某个东西的执着"。

发现现在拥有的某个东西的价值，从而导致对新行动的犹豫，这种现象就叫作维持现状偏差。它是一种感觉自己拥有的东西比别人的更好的心理状态。因为东西是自己的，所以即便是同等价格的商品，他也认为自己的比别人的有更大的价值。我们的眷恋感对此有很大的影响。

维持现状偏差在市场销售领域得到了广泛的应用。新型家用赛车试驾会上，抽中大奖的人可以试驾此车一周。当然在这一周内一切都是免费的。在这一周中，中奖人对这辆车的性能会有很好的了解。一周后，当中奖人不得不把车还给经销商时，他是一种什么样的心情呢？

恐怕大多数人在面对这种情况时，都希望能继续开下去吧。如果是这样的话，即便你在刚开始时只是抱着试一试这辆车的态度，现在心里也很想继续拥有这辆车，也就是发生维持现状偏差了。结果，你现在会认真考虑是否该把车买下来的问题。

维持现状偏差能够给我们的内心带来很大的安定感。但是有一点需要大家谨记在心，那就是，并不是完全按照偏差指示的去做，就能够解决所有的认知失调。

7. 只要有利信息——选择性决策

当失败已经是既成事实，为了逃避心中的认知失调，即不舒服的感觉，我们倾向于避开那些和最初的决策不一致的信息，有选择性地做决定。

认知失调会使我们的心里产生不协调、不舒服的感觉。而且责任越大，这种不舒服的感觉也就越强。减轻认知失调的决策，行为金融学也将其理论化，叫作选择性决策。

选择性决策指的是无论付出多大的代价也要把当初的决策和希望的结果联系起来的行为。比如一个项目的负责人，在准备阶段分秒必争，很辛苦地计算流动资金。结果其计算出来的流动资金的价值无论如何也超不过投入的资金，这个负责人会果断地终止项目吗？

做这种决定可以说非常困难。考虑到维持现状偏差，对于负责人来说，自己投入了心血的项目如果能够顺利地实施会非常的高兴。也就是说，对他来讲，重要的不是收益如何，而是项目能否实行。这种情况下，负责人极有可能根本不关心最终的收益。负责人很有可能会将流动资金不足等产生失调的各个因素从大脑中抛却，选择能够提高满足感的决策，也就是实行项目。

即便一个项目案最终亏损的可能性很大，但是一旦站在负责人的角度，就很难做出虽然可能很对但是会否定自己计划的决定。

8. 为失败开脱——后悔回避和自尊效应

为了避免后悔，为了保护自尊，人们有时会将自己的责任正当化，不采取和自己当初的决定不一致的行动。

后悔回避

我们的责任越大，认知失调也就越大。维持现状偏差和选择性决策理论都试图说明在我们履行责任时是如何产生认知失调的。在这一节，我们要用认知失调等一连串的方法来解释当事情没能顺利发展时我们的后悔心情。

后悔是一个负面的、消极的心理因素，因此我们总是试图避免做错事，这就是所谓的"后悔回避"。

先想一想一个项目成功时会有怎样的喜悦，失败时又有怎样的悲伤。从最后的结果开始反思，能够更清楚地知道什么是正确的判断，对错误判断的后悔也会更强烈。正确的判断最终使我们获得了成功，可成功的喜悦并不会持续得更长久。

这一点和前景理论的价值函数颇有些相似。比如有很多投资者，账面上已经出现了亏损，但仍然坚持认为"肯定会上涨"，而被长久套牢。如果将损失变成了现实，这个投资者会很没有面子。而且越是自我感觉良好的投资者，当损失发生时，越是难以及时止损。

自尊妨碍了理性决策的产生

人们就自己之前做的决定所产生的自尊心理，会歪曲后面的决策，这叫作自尊效应。自尊效应是一种只在出现盈利的情况下发生的人们行为上的倾向。比如一个投资者投资了一只股票，并且这只股票的价格上涨了。在价值函数中，和亏损状态相比，盈利时函数的倾斜度要小得多。这就是在获利时，投资者总是过早套利的原因。

反过来，在出现亏损时，投资者由于不愿意承认自己的失败，而在该止损时犹豫不决。2008年，雷曼兄弟破产时，很多投资者由于没有及时止损而损失惨重。当自己的预测和市场大相径庭时，止损就是承认自己输了，这会产生认知失调，所以很多投资者才没能及时止损。还有一个原因就是止损会使自己的自尊心受损。这点和价值函数是一致的。

在实际的投资活动中，判断对在什么时候买进、什么时候卖出，是很难的。无论哪个投资者都希望能够抓住最佳投资时机。但是，他们自己选择的时机到底是不是最佳时机，只有事后才能得知。这就是不确定性导致的困难。

9. 损失回避和后悔回避对策一：摆脱责任，获得自由

不仅是我们已经做出的决定，周围人的目光、我们的自尊心都会成为一种责任。因此，尽量降低责任已经成为一个重要的选择项。

一个董事长的判断——周围人的目光是一种责任

只要我们对某件事有强烈的责任，就很难根据状况的改变迅速改

变责任的内容。我们人类总是有一种固执,就是对于已经决定下来的事要尽一切可能坚持做下去。因此,当要改变现在的位置或状态时我们总是犹豫不决。从保护自尊和维持现状的观点出发,对于当事人来说损失回避和后悔回避都是非常合理的想法。问题是,从个人角度来说合理的事情,从客观的角度来讲未必就那么正确了。

我们举一个某企业董事长的例子。这位董事长是个非常勤俭节约的人,从不乱花钱,整个公司都知道这一点。一天,一个和他的企业有合作关系的公司向他推销房产。推销负责人召集了几位董事长的下属并和他们召开了小型的说明会:这个房产地理位置优越,随着城市的开发,其价值可能会以年均5%的速度上升。这个董事长其实是打算用存下来的钱进行投资的,但是房产的流动性不好,再加上日本房地产前景不明朗,关键是不愿自己"勤俭节约"的美名受损,所以最后放弃投资房地产了。

几天后,他回到家里,收到了一封别的房地产公司寄来的房产推销广告。这家房地产公司向他提供的信息不如合作公司提供的有吸引力,这家房地产公司预计房产价值年增长率是4%。即便如此,这位董事长还是决定把现在持有的金融资产的一部分,投向邮寄广告推荐的这个魅力欠佳的房产。

董事长为什么会做出这样的决定呢?其中最重要的原因是"邮寄广告是在自己家看的",没有必要在意周围人的目光或者看法。这点对董事长来说可是非常重要的。即便他已经决定投资房地产,也不会让公司内的相关人员知道。这样,他勤俭节约的自尊就保持住了。如果理性分析的话可以明显看出,选择合作公司推荐的房产能够带来更大的收益，可是，他本人的自尊却不允许他这么做。

降低责任

从这个例子可以看出，责任产生的制约越少，我们越能够做出合理的判断。假如，这位董事长已经决定做一些投资，但是他的自尊产生的责任也会葬送投资房地产这一决定。

如果我们能够降低责任给自己带来的制约，我们就能够更加冷静地分析决策的对象。当然，如果我们能够彻底地抛弃自尊、面子等心理因素，就能够不受任何制约地、合理地进行判断和做出决策，但是实际上没这么简单。因为自尊、面子这些意识，在我们日常活动中有时起到了刺激或激励的作用，所以它们对我们也有有利的方面。

我们的责任大小不同，损失回避和后悔回避这些心理因素产生的影响也不同。如果能够减少我们自身的责任，就能够降低损失回避和后悔回避对决策的歪曲程度。

10. 损失回避和后悔回避对策二：确定两个标准

是否知道"自身的参照点和投资目标在哪儿"，是决策能否摆脱歪曲、重获自由的关键。

当我们实际进行投资时，明确"投资的基准（目标）"和"自己的参照点"在哪儿，是非常重要的。也就是说，只有心里对它们至少有一个大概的印象，才可能做出合理的决策和判断。

关于投资的目标，比如在股票市场，可以用市盈率来表示。现实世界股票市场的市盈率是15%~20%。股价受到世界整体经济状况的影响，在把握股价时我们还必须看自己国家GDP增长率是上升、持平，还是负数。另外我们还得看企业并购时的资金需求是否比较高等，综合考虑以上因素，如果市盈率非常低，那么这只股票的价格很有可能被低估了。

同样，如果一只股票价格的增长明显高于企业收益的增加，那么这只股票很有可能已经出现了泡沫。我们必须对市场有大概的了解，然后对"市场整体的目标"有一个自己的看法，这样才有可能修正市场的现实和自己的认知之间的偏差。

只要回顾一下自己的投资行为和结果，就可知道自己对"自己的参照点"把握得如何了。如果投资成绩为正，那么参照点就位于盈利区域；如果投资成绩为负，参照点就肯定在亏损区域。

有时，人们被责任束缚得太紧，成了自己责任的奴隶。这时，即便对市场进行了客观的分析，由于决策受到了干扰，还是没法像之前计划的那样正好赶上市场上涨的行情，有时还会有被套牢的风险。

在所有的经济活动中，如果能够准确地把握自己所处的位置和周围市场的状况，就能够减轻损失回避和后悔回避对决策的干扰。

心理账户
我们的小算盘充满了矛盾

1. 心理账户的缺点

我们的心理账户会受到各种因素的干扰，无法准确地计算得失，这是心理账户一个很大的缺点。有时，我们会选择给我们带来损失的选项。

复杂的得失计算机制

我们在进行决策时，"会在心里评估特定的行为会带来哪些损失和收益"，这个心理过程就是心理账户的估价过程。我们在头脑中有金钱等各种账簿，对特定的行为，一件一件地分别记账。

我们来看一个例子，你口渴了，在车站的自动售货机上花5元钱买了一瓶饮料。这时候，你头脑中的现金账户上就少了5元。另一方面，饮料这一账户，也就是说，通过买饮料获得的收益（这时的收益就是口不渴了）中，则计入了5元。这时，饮料账户获得的收益就同现金账户支出的5元等价，有的人甚至认为收益要大于支出。如果获得的收益小于支出的5元的话，那么也许就没有人愿意买这瓶饮料了吧。

现在大家应该已经明白，当我们在做一个决定时，我们的大脑会计算这个决定能为我们带来多少收益，以及需要付出多少，还会有哪些副作用等。使用心理账户进行决策的过程是传统经济学理论无法解释的。

现在的问题是，我们的心理账户进行的计算并不都是理性的。

传统经济学假设经济行为人的行为是合理的、理性的。因此，人们心理账户的计算也必然是理性的，这是传统经济学的理论前提。可实际上我们进行的计算常常遵循一种与经济学的运算规律相矛盾的潜在心理运算规则，因此个体的决策经常违背最简单的理性经济法则。

揭开无法正确选择的内幕

假设有一家企业在同时运行两个项目，项目A和项目B。这两个项目是相互独立的，互不影响收益。并且假设当初在两个项目上投入的资金和人力也是一样的。现在项目A运转良好，并且已经创造了100万的盈利；可是项目B却恰恰相反，运转不顺利，目前亏损100万。

如果向项目A追加投入一定的资金和人力，预计项目A能够增加200万的盈利；如果将这些投给项目B，预计项目B能够产生150万的追加收益。但是现在无法同时向两个项目投入这么多的资金和人力，必须两者选其一。如果按照企业正常的会计计算方法，投给项目A无疑是最恰当的选择。

可是，管理者心理账户中进行的计算和这个"最恰当"的决定有些不同。这是怎么回事呢？

项目A已经盈利，项目B还在亏损。如果保持项目A不变，将投资全部投进项目B，那么项目B最终能够获得50万收益（150万追加收益 –

100万赤字＝50万收益）。

这样一来，同时开始的两个项目，最终都能够盈利。对于最初决定运行这两个项目的管理者来讲，这个结果最能够给他长面子。

很明显，心理账户对此事的处理非常的不理性。如果将所有的投资投给项目A，项目B固然会亏损100万，但是项目A能够多创造200万的利润。那么两个项目合计可以获得200万（300万－100万＝200万）的收益。这比将追加投资投给项目B后两个项目获得的最终收益50万要多很多，但是管理者最终的选择不是这样。

图表 2-10　　心理账户

心理账户的计算项目：决策必须能够满足内心的满足感

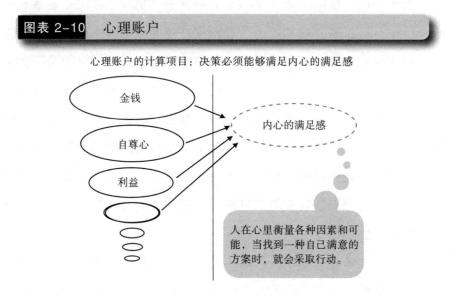

金钱

自尊心

利益

内心的满足感

人在心里衡量各种因素和可能，当找到一种自己满意的方案时，就会采取行动。

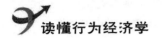

2. 潜伏在我们周围的心理账户陷阱——基金管理者和音乐会

只要条件发生少许的变化，我们头脑中的计算方式也会改变。它会以我们想象不到的方法影响我们的决策，这点需要我们多多注意。

反正不要亏损

给大家讲一位经验丰富的资深基金管理者的故事。

那个时候，他刚刚建立了一个新的基金，他选了三家企业进行投资。一个月后，这三家企业中，有两家企业的股价按照他的预期上涨了，剩下的那一家，和他当初预期的相反，股价下跌了。但是，如果那个时候，他将三只股票全部卖掉的话，还是有盈利的。现在想来，那个时候的金融市场，行情不稳定，降低所持有证券的风险是一个明智的选择。这么说的证据之一就是他卖出了两只盈利的股票。但是那只亏损的股票他还握在手里。在他的心理账户中，这三只股票是各自独立的，他希望自己投资的三只股票都能够获利，不愿意有一只股票最后卖出时是亏损的。

后来，市场如大家预料的那样，单方向下跌，剩下的那只股票损失惨重。他后来卖出股票的方法也完全违背了止损规则。最后，前两只股票获得的收益因为第三只股票的损失而抵消了，三只股票的最终合计收益为负。

后来我给他讲了心理账户的概念，他直点头，口里不停地说"原来如此"。

小小的差异改变我们的决定

再列举一些我们身边经常发生的事情为例。

案例1
你花400元钱买了一张音乐会门票，在你出门之前却发现门票不见了。

案例2
当你想要去买音乐会的门票时，突然发现准备好的400元钱不见了。

这两个案例有相同的两个选项：另外再花400元钱买票听音乐会，或者不听音乐会了，直接回家。

根据行为金融学的研究，在案例1中，大多数人选择不听音乐会了，直接回家；在案例2中，大多数人选择的却是另外再花400元钱买票听音乐会。这是因为，在人们的心中，把现金和音乐会门票归到了不同的账户中，丢了现金不会影响音乐会所在账户的预算和支出，但是丢了的音乐会门票和后来需要再买的门票都被归入了同一个账户，所以看上去听一场音乐会好像要花800元。人们当然会觉得这样不划算。

无论丢的是现金还是门票，总之损失了价值400元的东西，从损失的金钱上看并没区别。人们的选择不同，表现了他们的非对称性心理。

※止损规则

其指的是当持有的金融证券出现的亏损达到预定数额时，及时斩仓出局，避免出现更大损失的一种规则。

框架效应和控制欲
为什么做出正确决策如此困难？

1.理解方式影响决策！——框架效应

由于接收信息方的意识被固化了，所以对事实会发生误判，这叫作框架效应。

对于同样一个信息，接收信息的方式不同，接收者的感受也大不相同。

比如上司要求你两天后提交决算文件。"就还剩两天了"和"还有两天呢"两种想法，哪一种会让你更紧张？后一种想法让我们感觉时间还很充裕，肯定能完成，而且其他的工作也能够很顺利地进行。如果我们总是想着"没时间了"，工作会因为焦躁而更容易出错，其他的工作往往也无法顾及了。

行为金融学中框架效应的定义是：同样的事情，理解方式不同，产生的效果也会不同。这里给大家介绍一下行为金融学创始人卡尼曼和特维斯基为了向大家说明框架效应的影响而进行的实验以及实验的结果（括号中的数字是选择了此选项的被实验者的比例）。

A.先给你1000美元，然后有两个选项你需要选择，分别是：①再给你500美元（84%）；②有一个赌博，你有50%的概率能够再获得1000美元，但也有50%的概率什么也得不到（16%）。

B.先给你2000美元，然后有两个选项你需要选择，分别是：①失去500美元（31%）；②有一个赌博，你有50%的概率失去1000美元，还有50%的概率什么也不失去（69%）。

从经济价值来看，这两种游戏的最终损益是相同的。无论A还是B，第一个选项都是确定获得1500美元，第二个选项都是有50%的可能获得1000美元，还有50%的可能获得2000美元。

我们来分析这个游戏。选项①的结果是确定的，人们会把选项①的结果作为选项②的参照点。需要注意的是，在A的情况下，你先得到1000美元，参照点（1500美元，A的选项①的结果）是向收益区域移动的；而在B情况中，你先得到2000美元，参照点（1500美元，B的选项①的结果）是向损失区域移动的。

虽然两种情况在经济上的损益是相同的，但是由于A、B情况的参与者的心理状态是不同的，所以他们做出的选择也不同：一个是以1000美元为基础增加收益，参加者对赌博的风险容忍度低；一个是以2000美元为基础减少收益，参加者对赌博的风险容忍度高。

2. 控制欲使人产生错觉

想掌控一切的欲望会让我们产生"一切尽如我想"的错觉，同时这也会干扰我们的决策过程。

无论我们的决策最后被证明是对的还是错的，我们都倾向于朝着对我们有利的方向解释。这是我们内心中存在一些不合理的方面的体现。

如果我们以合理性作为判断基准的话，当出现了盈利，而且预计股价仍会上涨的话，继续投资是合理的选择；当出现了亏损，而且预计股价还会继续下跌，那么及时止损，另外寻找新的投资机会或者选择持有现金以保持资产都是合理的选择。当然，由于每个投资者对风险的容忍度是不同的，所以他们的决策也会各不相同，不能要求所有的投资者采取相同的决策。

但是，事情往往是说着容易做着难。做出一个能够扩大收益、减少损失的决策是那么的不容易。不光是决策过程中的责任和对信息的接收方式，想要控制一切的欲望也会影响我们的决策。

想要支配某件事的欲望，是很多人都有的，它是一种根本性的欲望。

观察小学生的班会可以发现，一定（这里可以说"一定"）有那么几个小孩处于讨论的核心位置，是发言的主力。那些没能进入话题中心、安静地坐在角落里的小孩子，有一种没能进入讨论核心的挫败感。掌控一切并不是自我感觉强烈的人的"专利"，我们所有人潜意识里都有这个心理因素。

金融市场夸张点说就是"胜者为王，败者为寇"，是个实力决定一切的社会。无论一个投资者如何坚信自己的操盘能力，都必须用实际的数字来说明自己这一段时间的操作成绩，这样一来，孰优孰劣就一目了然。所有的市场参与者都希望自己是一个专业证券分析师，拥有战略性的分析能力，能够开发出可以运用到市场终端的高级模型，希望根据这些能够比别人更早找到收益机会。结果，他们在不知不觉间，越来越希望市场是以自己为中心，按照自己的想法运转的。

3. 控制欲来源于以自我为中心

我们常常将控制的失败怪罪于他人，将成功归功于自己，这是"控制幻觉"造成的。

处置效应是指，我们会根据损益状态改变自己的心理感受。可以说这是一种"被动的回应"。而控制欲则是希望市场以自己为中心运转，所以说控制欲是一种"主动型的心理因素"。

我们有一个实验，将志愿者分成两组A和B。要求志愿者集中注意力完成某项工作。A组的志愿者们不仅要在噪声中工作，而且对噪声无能为力。B组的志愿者们也被要求在同样的环境中工作，但是他们可以通过一个开关将噪声关闭，不过实验组织者要求他们尽量不要关闭噪声。结果，B组在没有关闭噪声的情况下，工作的完成情况比A组要好。

从这个实验我们可以得知，噪声不是唯一一个影响注意力的因素，对妨碍因素的控制，也就是能否根据自己的意志控制环境也能够影响我们的注意力。

如果对于某种东西，我们有控制能力，我们的心里就会产生一种自在的感觉，而且这种感觉有时还会释放我们的一些潜能。有时我们想要掌握主动权的强烈的愿望，会促使我们做出和事情的发展趋势相反的选择。对于这一点，需要我们特别注意。

控制有内向控制和外向控制两个方面。所谓"内向控制"是指事情的原因在多大程度上和自己相关；而"外向控制"是指事情的原因在多大程度上和别人或周围的环境相关。

如果成功了，我们倾向于用内向控制能力来解释"这归功于我自己的能力"。如果事情不像之前预测的那么顺利，我们常常会说"周围的合作体制不完备"或"外部环境妨碍了事情的发展"，将具体的原因转嫁到自己以外的因素上面。

重要的不是实际行为主体是否真的具有控制一切的能力，而是行为主体是否认为自己具备控制一切的能力。很多时候，我们把无法控制的东西看成了可以支配的东西，也就是说，我们有时会产生控制错觉。

4. 控制的五种类型

人们的控制方式有五种类型。正因为这五种控制方式的存在，我们的认知才会被歪曲，我们的决策也变得不合理了。

控制有以下五种类型：

①通过影响力来控制；

②通过预测进行控制；

③通过对有影响力的某些要素的认知来进行控制；

④对现象的事后说明；

⑤通过对否定结果的过低评价来进行控制。

下面我们按顺序看一下它们的内容。

①通过影响力来控制

这一形式是五种形式中最为重要的一种。人们希望根据自己的能力支配周围的环境。自己对周围人的影响越深，对环境的支配能力越大，心中的满足感也就越大。

我们希望通过控制而拥有一种影响力。产生这种欲求的根源不是因为控制是一种能力，而是因为一种幻想。那些炒股的人，甚至一些基金管理者们，有时都会沉浸在自己拥有一种巨大的影响力的幻想中。

即便是在一个小型的企业中，各种相互牵制的因素也有很多，想要凭借一个人的影响力支配整个组织，是很困难的。就像在刚刚过去的经济危机和金融危机中，中央银行虽然投入了巨资，也制定了一些财政政策，想要挽救一些企业或部分地区的市场，但是都没能使它们的经济状况在短时间内得到改善。面对雷曼兄弟公司破产以后的金融危机，美国、英国、欧洲其他一些国家还有日本的中央银行向市场投入的资金数额是史无前例的，目的是确保市场的流动性。即便如此，2008年9月以后的国际金融市场还是呈现单边下行的态势，直到2009年3月中旬才终于出现了一丝反弹的迹象。

在当今这样的金融市场环境下，一个投资者、一个企业，甚至一个国家都无法真正支配世界市场。随着信息处理技术的发展，这一事实将会变得越来越严峻。投资者们只要静下心来冷静地思考，就能够知道通过自己的决策来支配世界市场几乎是不可能的。但是，因为人们的心里有各种因素相互穿插、相互影响，所以人们常常无法冷静地思考。

②通过预测进行控制

未来充满了不确定性，很多时候，事情是向着和我们预测的相反的方向发展的。无论这个未来是长还是短，我们都无法准确预测。但是，如果我们对未来的预测准确度很高，我们就会认为自己拥有卓越的预测能力。然后我们会利用自己的预测早做准备，以便为自己带来利润。正因如此，在投资行业中，有很多投资者充分利用所有能够得到的信息，只求比他人获得更高的利润。

所谓借助预测的控制是指，对未来进行预测，如果预测结果果然出现了，就容易形成"果然如我所料""未来根据我的预测进行"等认识。

我们很难预测未来的资产价格将会向哪一个数值靠近。不错，我们可以用模型算出一个范围，但是未来的资产价格是否真的向这个范围靠近，现在就说不准了。

下面我们以年金的操作方式为例。一般来说，年金的操作方式有积极型、消极型和追求绝对收益型三种。所谓"积极型"是以收益超过标准普尔500指数和东京证券指数这两个基准为目标；"消极型"以获得和基准同样的收益为目标；"追求绝对收益型"是以获得超过市场利率的利润为目标。

我们的读者中可能会有人对积极型的操作手法存在疑问。关于积极型操作，大家可能会有这样的理解："作为经济收益的体现，追求股价升得更快更高""基金管理者更勇于承担风险以获得更高的利润"等。但是这里存在一个重要的问题，就是没法保证积极型的基金管理者一定能够带来超过市场平均收益水平的利润。

这个时候，控制错觉就能带来很大的危害。比如一个操作者在这几个月的时间里，获得的收益一直比市场平均水平高，那么他的"我操作水平很高"的感觉就会变得强烈。可是他能够获得超过市场平均水平的超额收益很有可能只是个偶然。如果果真是这样的话，风险敞口就会过大，他对风险的控制也会变得马马虎虎。

③通过对有影响力的某些要素的认知来进行控制

在决策过程中，不能说因为对一些决定性因素把握得好，我们的决策就能够真正影响事物的发展过程或者结果。如果想让事情完全按照我们自己的想法发展，就必须掌控所有相关因素，但是这非常困难。

在投资决策中，有无数的因素会增加投资风险。这些因素有的容易理解，有的则不然。投资者按顺序一个一个地考虑那些能够理解的因素，最后，不理解的还是不理解。在实际的操作和处理过程中，可以说，我们无法掌握、理解所有的风险。

我们以风险回避问题为例。和追求复利的长期投资产品相比，现在的日本个人投资者更喜欢投资分配型的信托投资产品。2009年货币选择型信托投资流行起来。这种信托投资是通过从美元、欧元、澳元、巴西雷亚尔、南非兰特、土耳其里拉等货币中进行选择性投资，从而获得较高的收益的。这种投资组合和普通的投资信托产品相比，风险更高。即便是专业投资者，面对货币，或者说外汇市场的风险时，也是谨慎再谨慎的。各国货币价格变动剧烈，一天内涨跌幅近10%的情况经常出现。从这一点来说，加强风险管理是提高投资收益的非常重要的一点。

那么个人投资者是如何选择货币投资性信托产品的呢？也就是说，个人投资者在进行选择时，主要受到哪些因素的影响？大多数情况下，我们能够得到的信息只有"利率高的货币对日元会上升""×国的债券的息票率很高"。这说明，很多个人投资者认为关注利率差的投资能够获得不错的收益。

在金融市场中，像玩确定概率的游戏那样，能够真正掌控风险的状况几乎不存在。比如，我们通过掷硬币有50%的可能获得120美元，还有另外50%的可能失去100美元，我们掷100次，两种情况的发生概率有多大可以很容易算出来，也就是说风险的大小可以算出来（当然，设定的期望收益率不同，对风险的容忍度也不同）。

但是在实际投资中，我们无法像上面的游戏那样知道事情发生的确切概率。假设一个排名靠前的战略家说今后3个月内，日元贬值的概率是65%，你一个朋友根据自己的直觉也说贬值的概率是65%。虽然两个人的结论是一样的，但是投资者的认可度是不同的。虽然投资者自己没有去分析日元贬值概率有多大，但是一听战略家是这么说的，也就认为今后3个月内日元贬值的概率是65%。

这样一来，他人的见解和看法就成了一个影响你决策的因素。所谓"通过对有影响力的某些要素的认知来进行控制"是指人们常常根据自己身处的状况，朝着对自己有利的方向进行认知，这是人们心理认知的一个特点。正因为有这么一个特点，所以人们将周围的信息朝对自己有利的方向理解，大大增加了忽略风险的可能性。

④对现象的事后说明

和前面三种形式相比，"对现象的事后说明"的影响力要弱一些。我们对事件的事后分析，有助于以后同类事件发生时可以多做准备。也就是说，正因为我们失败过，所以当相同情况再度出现时，我们内心就能够在一定程度上对随之而来的可能出现的各种风险有所准备。

在金融市场中，事后的总结分析作用很大。在2008年雷曼兄弟公司破产后日益严重的金融危机中损失惨重的投资者们非常有必要认真地分析被自己忽略的风险。或者说，虽然投资者当时也考虑过有可能出现金融危机，但是为什么市场会恶化到这种程度？今后是不是应该对风险有足够的准备，采取能够尽可能降低损失的行为呢？

如果行为主体的责任感太强，我们做出的决策中就会有一种"自尊"。这时，如果事情的发展不如我们设想的那么顺利，我们就会认为自己错了，而这种认识绝不是一件令人高兴的事。因为，从某种意义上来说，承认自己的失败就等同于自我否定。

⑤通过对否定结果的过低评价来进行控制

对于那些否定我们的事情，我们总是对其给予"过低的评价"，想必我们很多人都经历过吧？投资失败，损失了大半本金，对此我们不服输，对自己说"这没什么大不了的"，这就是"过低评价"的典型。因为通过过低评价那些否定自己的事情，可以降低我们的自责感。

另外，将否定的结果作为通往下次成功结果的阶梯，可以缓和负面的评价。从这一点来说，这也是一种积极的想法。失败以后认真反省，按理来说，我们应该相信自己下次一定能做好。可实际上，人们的心理还是很消极的，因为一旦他认识到"自己错了"，心理上那种痛苦的感觉会一直伴随着他。

像前面讲到的，我们总是通过不停地改变各种控制方法，以使自己一直能够感觉到周围的一切都是对自己有利的。

※流动性

流动性是一个概念，表示在金融市场上，想买金融产品时，能够买到多少；想卖金融产品时，能够卖出多少。

※风险敞口

这是一个表示投资者承担多少风险的概念。这个概念可以通过持有多少股票或债券来表示。

5. 为何我们的控制欲总是无法满足？

控制力不足的挫败感，主要有三个原因，这也和控制错觉有很大关系。

上一节，我们介绍了五种控制形式，在金融市场中，出现最多的是"通过对有影响力的某些要素的认知来进行控制"。由于金融市场中充满了各种不确定性，所以我们就更加想找到某个特定因素作为自己的对应之策。原因主要是下面三点：

① **结果的规模及其符号**

一个决策最终被证明是正确的还是错误的，不用说，对决策者而言非常的重要。因为只要结果证明决策是对的，那么即便判断依据弄错了，由此产生的消极的心理也会被决策是正确的这个事实所削弱。如果结果证明决策是错误的，自己的犹豫以及出现了不同结果的挫败感会增加，自责的念头也会膨胀。

如果当时投入的资金并不是很多，投资者不会太过在意这个失败，也不会意识到控制之类的问题。如果投入的资金很多，投资者就会坐立不安，担心事情的进展和自己的预测不一致。这个时候，很多投资者为了避免将来价格下跌，会卖出期货、买进现货，增加对状况的控制力，以使自己更加放心。

当你开始投资一种以前从未接触过的金融产品时，情况也是这样。让我们想一想，一个只投资过中国股票的投资者开始投资日本股票时会发生什么。对于这个投资者来说，当考虑应该向日本股市投入多少资金时，他首先考虑的是怎么才能让自己放心。如果向日本股市投入的资金与向中国股市投入的资金一样多，他会像一只迷途的羔羊一样不安。如果只有向中国股市投入的资金的百分之几，他会感觉对日本的投资不过像一场游戏。

② 不确定性

如果一个向来只投资中国股市的投资者，在开始投资日本股市之前仔细地研究日本经济动向和政策动态的话，也许能够降低投资日本股市的不确定性。在应对市场的不确定性上，决策主体的能力、判断力等发挥着更大的作用。

无法完全控制不确定性使决策者非常紧张。当不得不接受各种不确定因素时，投资者面临着巨大的不安。从这一点来说，对控制力的追求和回避不确定性的动机是一样的。

③ 对决策的结果进行个别评价，还是全体评价？

如果上面掷硬币的游戏反复进行，随着掷硬币次数的增加，出现各种情况的概率能够用统计学的方法计算出来。这时，控制力不足产生的挫败感也会在一定程度上得到缓解。概率的成立对于投资者来说，就像在大海中看到了灯塔，悬着的心终于放下来了。如果随着掷硬币次数的增加，游戏参与者获得的收益也增加了，那么这个参与者为了早点将眼前的收益落袋为安，会希望早点结束游戏。如果损失越来越多，参与者很有可能为了挽回自己的名誉而加大投注。

但是如果将每一次掷硬币的动作和结果单独来看，情况就不一样了。游戏参与者不得不在每次掷硬币之前充分考虑游戏的风险，然后做出是否继续掷硬币的决定。这时，控制力的缺乏会使参与者心里产生巨大的不安，从而影响其心理状况。如果这个参与者是风险偏好型的，那么就会毫不犹豫地一次一次地掷硬币吧。如果这个参与者是风险回避型的，那么连是否参加这个游戏也许都会犹豫再三。

在金融市场中，一般来说进行长期投资的投资者由控制力不足产生的挫败感相对较低。如果是短期投资，投资者肯定会深深地感觉到因自己决策中的不确定性、市场未来发展中的不确定性，还有控制力不足产生的挫败感。和运作年金的投资组合管理者相比，根据短期投资收益一决胜负的证券操盘手们的决策更加的无奈，更加的残酷。

对于这些操盘手来说，希望自己的短期预测正确的心理，很有可能为自己独立做出的、无论如何必须达到的目标所替代。即使操盘手当初的预测并不正确，他也会执着于自己的判断，并因此而不得不背负远远超过当初设想的风险。他是如此地相信自己的判断，控制力的不足也被消除了。这时，控制错觉对投资行为造成的巨大影响也被隐藏了。

6. 过度的控制欲

控制错觉会使我们觉得自己是万能的，有时会让我们产生"成功是因为我的实力，失败是因为环境不好"之类过于乐观的论点。

所谓"控制错觉"是说，对于随机出现的结果，如果是好的结果，我们会产生一种错觉，认为"成功是上天对我的努力和卓越能力的一种赏赐"，认为自己无所不能。

结果因为相信自己的能力不俗而往往过于乐观，认为"无论以后会发生什么，我都能应付得来"。

在我们的日常生活中，控制错觉常以过度自信的形式表现出来。过度自信的存在正是市场中那些被称作异常现象的事件出现的原因之一。特别是在信息有限的情况下，人们使用自己的预测能力做出一种判断，并产生一种"这样就可以了"的自信，然后根据自己的判断做出决策。在人们的内心，人们认为"自信=自己有知识、有能力"。

可是，自信和知识、能力不同，知识和能力是可以客观掌握的，但是自信不能。我们会做出不合理决策的根源也在于此。

7. 如何应对控制错觉？

我们无法完全逃脱控制错觉的魔爪，正因如此，"听人劝吃饱饭"就显得更为重要。在这一节中，我们通过实例看看它的重要性。

关于控制错觉，我以一个证券分析师朋友J为例，说一说他的逸事。

IT泡沫时，他是一名证券分析师，主要负责网络公司。在IT泡沫发生之前，他在一家别的证券公司做营业员，和资深证券分析师相比，无论是从业经验还是专业知识，他都有所欠缺。为了弥补专业知识的欠缺，他拼命学习，在通过资格测试之前就已经为周边的人所推崇，不知不觉中他开始飘飘然，觉得自己一定能行。虽然当时已经有很多人说市场出现了泡沫，但是J认为作为泡沫震源的IT中心的股价还在不断地上升，他认为这证明了自己是正确的。当时，J和一位资深证券分析师都对某一公司（简称A公司）做了分析报告，详见图表2-11。

图表 2-11　证券分析师的判断

	J的调查内容	资深证券分析师的调查内容
企业概况	·运营门户网站 ·使用者众多	·从外面来看是运营门户网站 ·其业务基础存在疑问
财务内容	·净资产收益率较高	·果断并购带来的可能是高额负债
发展前景	·通过并购，扩大经营，有望提高收益	·收益依赖通过证券融资，负债额度过高
建议	·买进	·卖出

从图表2-11的内容可以看出，J得出了一个和资深证券分析师正好相反的调查结果。A公司的总经理是一位很有野心的年轻人，J被他的豪言壮语感动。与此同时，J的评价在公司内部慢慢传开了。J忘记了自己经验不足，只感到满满的自信，所以对A公司的股票做出了推荐购买的结论。

一个在公司股票营业部工作的朋友，想要向一个投资人推荐A公司的股票，于是拜托J写一篇关于A公司的研究报告书作为推荐材料。

如果对销售有贡献，J就会得到奖金，所以J自己也很愿意写这个推荐购买的研究报告。结果对A公司经营者的仰慕、对奖金的期盼，再加上对自己能力的过度自信，使J深信A公司的股票必定上涨。

可是，刚过了一个月，A公司就倒闭了。就像资深证券分析师指出的那样，没有稳定可靠的收益来源，仅仅依赖财务技术的经营根本无以为继。因为感受到市场过热，银行担心贷出去的款收不回来，于是开始向经营者们试探是收回融资还是提高存款利率，最后决定收回融资。于是A公司的资金出现了问题，也发生了票据拒付的情况。

幸亏J的上司仁厚，没有解除他的职务。后来J自己说，他深刻地感觉到自己和资深证券分析师之间的差距。

类似由控制错觉导致失败的案例真是不胜枚举。在震惊世人的安然公司的破产发生前不久，某大型证券公司的证券分析师聚集一堂称赞安然公司，并声称"以后就是安然的时代了"。

控制错觉特别容易发生在信息有限的时候和那些被称作"专家"的人的身上。因为证券分析师在预测收益时经常会掺杂很多个人主观因素。

为了防止此类事情的发生，我们只能客观地重新分析我们的观点。这很简单。比如在新闻报道中寻找和自己的决策有关的评论，或者，多多参考比自己经验丰富的前辈们的建议，听取第三者的意见，等等。多一点小心，就能够避免控制错觉。客观地回想一下自己的理论推导过程，多参考一些别人的意见，也能够减轻失败的恐惧。

第三章

直觉有多准
——屡次犯同一个错误

启发
过度相信直觉的人们

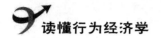

1. 使决策单纯化的启发

　　所谓"启发"是指我们依靠直觉，大概地理解事物的本质。也因此，有时我们能够迅速地、毫不犹豫地做出决策。

直觉的作用

　　如同我们在前面的章节中讲到的，我们的决策并不都是合理的。在决策过程中，我们会受到如自己的责任心、心理状态、处置效应和控制欲等主观因素的影响。

　　我们的判断力无法达到可以准确预见未来的地步。人们对信息的处理方式也因人而异，但是也有共同的部分。这个共同点是：我们不会一个一个地仔细分析得到的信息，而是会在大概了解事情后就采取行动。

　　这里重要的是在行为金融学中被定义为启发的认知方式。在行为金融学理论中，启发也是基本概念之一。启发的意思是"大概地、直觉地抓住一个事物（的本质、属性等）"。我们在日常生活中对一个事物经常靠直觉大概地理解它是什么或是怎么一回事。我们对信息的选择也是粗略的。

这里也举个例子说明一下。

图表 3-1 启发：将复杂的信息简单扼要地理解的心理活动

例如，你如何描述下面的图形？

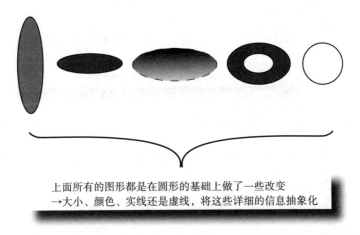

上面所有的图形都是在圆形的基础上做了一些改变
→大小、颜色、实线还是虚线，将这些详细的信息抽象化

"日本半导体市场未来的走势如何？"

如果有人这么问你，你会怎么回答呢？首先想起来的是几家半导体企业吧，比如东芝、富士通等。也许你还能想起几个和刚才列举的企业有合作或竞争关系的海外公司。特别是近些年在国际上声名鹊起的韩国LG、三星，还有中国台湾的半导体生产企业。新闻经常报道美国IT产业的动态。硅谷的IT风险企业的收益情况，以及未来的发展态势都会对今后世界半导体市场状况产生不可忽视的影响。

图表 3-2　日本半导体市场的前景

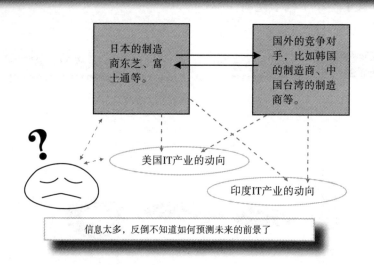

信息太多，反倒不知道如何预测未来的前景了。

这么考虑的话，对于该如何预测半导体市场未来的动向，也许连讨论的出发点都不知道了。

这时，我想起一个朋友说过的一句话。

"在中国台湾的股市中，半导体企业是个举足轻重的角色。台湾半导体生产商的数量在全世界整个行业中占了一个很大的比重，通过观察台湾股市的动向就能够差不多知道世界半导体市场的走向了。"

朋友的想法如图表3-3所示。

图表 3-3　关于半导体市场状况的启发的形成过程

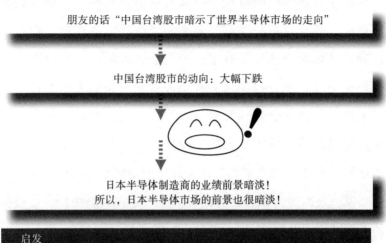

朋友的话 "中国台湾股市暗示了世界半导体市场的走向"

中国台湾股市的动向：大幅下跌

日本半导体制造商的业绩前景暗淡！
所以，日本半导体市场的前景也很暗淡！

启发
对于各种各样的信息（数据等）做大概的了解，然后根据大脑中存留的印象，进行整理并做出回答（决策）。

　　朋友接着说道："中国台湾的股市现在是大幅下跌。而且近些年，日本半导体生产商的市场份额被台湾生产商夺去很多。半导体价格也在不断下降。这么说来，日本半导体生产商未来的日子也不会好过，未来的半导体市场状况堪忧啊。"

　　听朋友这么一说，最初浮现在脑海中的那些日本企业名称、各国半导体制造商，还有与IT产业相关的动向瞬间都被我忽略了，马上形成了一个简单的思考过程，就是中国台湾股市可以预示日本半导体生产商的预期业绩。

　　从复杂的信息中脱离出来，根据大脑中记住的数据和进行的评价，凭借直觉进行判断，这就是启发的本质。

启发有筛选信息的作用

我们在日常生活中也经常依靠直觉进行判断。比如我们在电视新闻节目中，经常看到记者就"未来的经济状况会如何"在街头采访民众，问其是如何预计的，有很多人是这么说的："股价下跌了，经济也会恶化吧。""现在是周末，在银座这么繁华的大街上打车的人都不多，未来经济也不会好到哪里去。"（当然，如果要严密论证大家在被采访中说的话，需要很大的工作量，但是在经济不景气的时候，大家的这种感觉或多或少都和整体上经济的动向是一致的。）人们之所以会这么说，是因为大家在回答的时候是以记在大脑中的一些数据还有自己的工作经验为根据的。

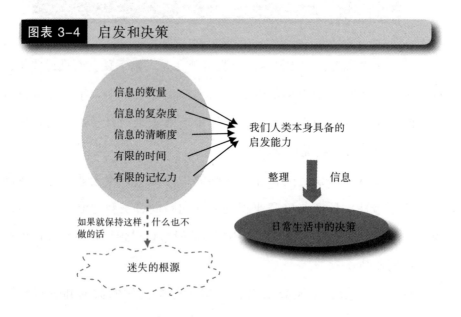

图表 3-4　启发和决策

信息的数量
信息的复杂度
信息的清晰度
有限的时间
有限的记忆力

我们人类本身具备的启发能力

整理　　　信息

如果就保持这样，什么也不做的话

日常生活中的决策

迷失的根源

我们的日常生活充斥着从电视、电脑上得来的各种各样的信息，我们也进行着各种各样的判断。有时候，我们想整理所有相关信息，仔细分析后再做出判断，但是如果没有像电脑那样超群的能力，这是很困难的。而且很多时候，我们不得不在有限的时间内做出判断和决策，因此根本就没有仔细斟酌的时间。反过来说，和取舍之类的选择相比，对判断或决策的对象大概了解一点就已经足够了。

即便你在行动之前已经在脑中仔细思虑过了，你对行动对象的把握还是凭借直觉进行的。

当抓住了事物的本质，人们会马上做出反射性的动作。比如地震时，当你所在的建筑物开始摇晃，你很快就会钻入桌子底下进行躲避。

在我们决策时，如果可以考虑的时间很短，或者我们必须尽快做出决定时，我们都会根据直觉进行判断，继而做出决策。

2. 启发是一把双刃剑吗?

启发能帮助我们简单快速地处理信息，但这也是有利有弊的。弊端就是我们很有可能会因此而漏掉重要的信息。

启发带给我们的并不都是帮助。问题之一就是过度地简化信息可能会使我们对事物的认识模式化。一旦认识模式化，就极有可能把事物最重要的要素给漏掉了。而且，简单化虽然使事物更容易理解了，但是那些和之前的事例不同的地方有可能被我们忽视。这时，启发可能会妨碍经济主体做出恰当的决策。

在投资行为中，启发也有很大的影响力。在前面关于半导体未来走向的例子中已经提到过，人们认为股市的走向能够说明半导体产业未来的走向，那么人们就会根据股市的走向改变投资组合的品种，这在专业领域也经常出现。

飓风登陆美国，破坏了很多住宅，预计今后人们的住宅需求会上涨，因此决定投资与住宅相关的股票，这也是和启发有关的一个例子。日本关东大地震给城市造成了毁灭性的打击，得到这一消息的证券交易师们认为"关东地区对白铁皮的需求必将上涨"，并且开始囤积白铁皮，最后获利颇丰。以前飓风到来后，与住宅相关的股票随之上涨的记忆，也是这次决定进行投资的原因。

但是反过来说，如果花费足够的时间观察实际的经济状况，就会发现住宅市场因为次级贷款问题已经出现了下降的局面，政府由于财政困难也无法支援灾区。我们根据这些做出的判断，很有可能与根据启发做出的判断不一样。

以启发为前提，仔细思考之前失败的原因，也许会增大今后做出更加明智的决策的可能性。

3. 连必需的信息都舍弃！——简单化

即使信息再复杂，也能够快速抓住事情的本质并做出决策，这就是简单化的作用。但是我们需要注意简单化可能带来的问题，比如忽略了风险。

简单化是启发中最典型的信息处理方法。通过对信息的笼统的掌握，我们就能够克服复杂和难以理解的问题。这样也能减轻理解信息时的紧张感。

我们的生活中充满了各种各样的数字。如果数字较大我们直接用"多少亿"来表示而省略了后面的位数，如果有小数点一般会四舍五入到小数点后两位，通过类似的方式使数字变得简单一些。这是简单化带来益处的例子。四舍五入造成严重后果的可能性非常小。

但是如果我们将判断或决策所根据的材料进行过于简单化的处理，有时可能会影响决策的准确性。下面我们看一个例子，某专业棒球队为了补充队员，正在寻找安打率较高的击球手。

球队的组织部对A、B、C三个球员大概有了了解，希望能找出既年轻，安打率又高的选手。如果从他们的年龄来看，A最年轻，只有21岁，是最有希望入选的。但是如果从各人前一年的安打率来看，C的安打率最高，是0.351，可是C的年龄在三个人中又是最大的。也就是说，如果根据年龄选择的话，A＞B＞C；如果根据安打率选择的话，C＞B＞A。那么到底应该以什么为依据，选择哪位选手呢？

图表 3-5 三个击球手的安打率

	年龄	前一年的安打率
选手A	21	0.31
选手B	25	0.321
选手C	27	0.351

类似的事情在投资活动中也经常见到。风险回避型也就是稳健型的投资者一般希望在盈利的同时尽量地降低风险。但是，当市场出现泡沫时，投资者自己的参照点会根据市场的变化而变化，他对风险的认识也随之改变了。本来只投资本国股票的投资者受到周围人对市场普遍看涨的影响，也开始追求更高的收益，觉得新兴国家的股票市场更有吸引力。如果按照当初尽量降低风险的原则的话，应该选择投资本国股票，但是追求更高收益的想法变得很强烈，放弃投资风险高收益也高的新兴国家的股票就变得特别艰难。

根据启发，投资者很有可能将自己需要考虑的因素简化成充满吸引力的收益和低风险两个。投资者会因此不知道到底投资哪一个才是明智的。

从这一点来说，信托投资产品可以减轻投资者决策困难时的紧张感，是种非常有用的金融产品。为了使自己的资产得到增值，应该进行怎样的资产分配，选择哪些股票，这些对于大多数的投资者来说，都不是很容易就能找到答案的问题。在投资者困惑不已的时候，信托投资产品的出现，使投资者可以将众多不确定性交给专业人士来处理，投资者们就能得救了。

简单化虽然可以帮助我们做出决策，但也有可能使我们忽视一些风险，这就是简单化的陷阱，对此我们需要提高警惕。

4. 不知什么时候，被输入的信息扰乱了判断！——锚定效应

无意中得到的信息就像沉入海底的锚一样，把我们的思想固定在某处，并在不经意间影响我们的决策和判断。但是锚有可能固定在一个错误的地方，所以我们需要多加留意。

这一节中讲到的"锚定效应"是指，人们在对某人某事做出判断时，容易受到"锚"的影响。我们也可以说，"锚"是潜伏在我们意识中的重要信息。

有一个实验，要求被实验者说出非洲所有国家中有百分之多少的国家加入了联合国。实验组织人员先将被实验者分成几个小组，然后随机分配给每组一个数字作为小组的编号，比如有一个小组的编号是65。然后实验组织者问被实验者，认为比率比自己所属小组的编号大还是小。

实验的结果非常有趣。每组编号的大小影响到他们回答的数值的大小。编号为10的小组回答有25%的非洲国家加入了联合国，编号为65的小组则认为这个比率是45%。我们发现，小组成员们将本组分配到的数字记在了他们的大脑中，分配到的数字如果比较大，这个小组回答的数值也比较大；分配到的数字如果比较小，这个小组回答的数值也比较小。

我们在对某人或某事做出判断时，总是不知不觉地受到之前得到的信息的支配。如果在高速公路上遇到大堵车，我们一般不会深思，

就决定走普通公路。因为我们的大脑中存在着一个凭实践经验掌握的规律——普通公路一般不堵车。但是当你真的改走普通公路了，你又发现普通公路比高速公路还堵。锚定效应也是一个影响我们做出合理决策的原因之一。有时我们真的应该拿出一些勇气，摆脱固有观念的束缚。

5. 注意到日常生活中潜伏着的"锚"了吗？

"锚"存在于我们生活的方方面面，使我们对某事坚信不疑，有时会干扰我们的判断。我们举出两个例子，说明锚定效应的危险性。

以前我曾有机会预测日本的GDP增长率。我预测的结果是年增长率为2.6%。我对自己的预测非常自信，"2.6%"这个数字在我大脑中非常清晰。

后来官方公布的GDP增长率是3.6%。但是，因为我预测的数字是2.6%，所以在公布后相当长的一段时间里，我还是认为"GDP的增长率果然是2.6%啊"。后来还是同事对我说"GDP的增长率是3.6%，不是你说的2.6%"之后，我才发现"GDP的实际增长率比我的预计高了一点"。直到这时我才发现，此前我是如此地坚信实际的结果会与我的预测一致。相信很多人都有类似的经历吧。

锚定效应并不只体现在和数字有关的事情上。作为一种心理现象，它普遍存在于我们生活的方方面面。我们以著名证券分析团队对股价动向的预测为例。这个分析团队共有10人，对未来的股市走向进行预测。这10人中，至少有8人明确表示股市会一路上扬。只有一个人看跌。

你无意中在报纸上看到了他们的预测。那么，"著名证券分析师认为股价会上升"这一信息（锚）就会被保持在你的记忆中。如果你是个投资者，面对股市肯定会看涨。

不知从什么时候开始，股价开始下跌。但因为在自己的意识中存在一个很清晰的声音——"股价会上升"，所以你还是认为"是不是哪里弄错了？股价应该还会上升"。这样一来，你就不会认真、客观地分析股价为什么会下跌，或者说，你根本就不愿意去分析。

当股价持续下跌，你才大呼"不好了"。你终于开始认真思考股价下跌的原因，不再把证券分析师的分析奉若圣旨，也才真正地知道股市已经面临根本性的调整期。

我们经常看到有些人发现自己的判断出了错，急于抛售持有的股票。这么做有时候好像不是那么明智。当股价跌到无法忍受的程度，大家都抛售股票，这时股价有可能会触底，从而反弹。然而，你听了证券分析师的话，做了最坏的事——追涨杀跌。这时你又开始满嘴牢骚："当初我怎么就听信了证券分析师的话了呢？"

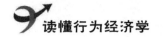

6. 显而易见的信息使我们看不清全貌——信息的可利用性

　　信息的可利用性是启发的一种，是指我们的内心容易过高评价可利用性高（容易利用）的信息。这种倾向有两种：物理上的可利用性和认知上的可利用性。

容易利用的信息和使用困难的信息

　　启发对人们的认知活动既有有利的一方面，又有不利的一方面。这里我们解释一下什么叫作"信息的可利用性"。正如它的字面意思，指的是存在于我们周围的信息，有的使用起来很容易，有的则很难。比如，上班途中看到的新闻，可以为你增加在办公室和同事聊天的谈资，但是几天前看到的内容怎么想也很难想起来。

　　在需要做出一些判断或决策时，我们需要一定的信息作为判断的依据。如果一点有用的信息都没有，我们的判断就如同在黑夜行路，不知每一个岔路口分别通往哪里。这样是无法做出正确的判断的。当一点有用的信息都没有时，我们只能依靠自己的直觉选择道路，结果有时非常危险。这就像通过掷硬币决定是向左还是向右一样。信息是我们生活中不可或缺的。

图表 3-6　信息可利用性的两个标准

		标准	例子
物理上的	可利用性	物理上，能够得到这个信息，或者说这个信息容易接触到。	网络上出现的信息，能够从报纸、电视、杂志等上面获得的信息。这些信息是所有人都能够获得的信息。
认知上的	可利用性	还清楚记得的信息，或者是刚刚获得的信息。	在自己的记忆中，留存有鲜明印象的信息。这些记忆深刻的信息，在人们做决定时，更容易被使用到。

根据行为金融学理论，容易使用的信息有以上两个标准（如图表 3-6所示）。

标准一是物理上的可获得性。出现在像报纸、杂志、电视等上面的信息是大家都可以获得的信息。即便是和投资相关的信息，比如市场走向、企业收益情况等信息，只要时时留意，人人都能够获得，而且每个人获得的信息也没有任何差别。此类信息就可以叫作可利用性高的信息。特别是现在网络的普及，与几十年前相比，时差的影响也变得很小。从这一点来说，IT技术的发展将不断提高信息在物理上的可利用性。

认知上的可利用性

信息可利用性的另一个标准"认知上的可利用性"，主要和人的心理有很大的关系。卡尼曼和特维斯基将人们根据心理因素判断一个信息是否容易使用的标准定义为认知上的可利用性。

人们的认知，有的是有形的，有的则是无形的。比如，你发现大门的钥匙不见了，到处寻找也没找到，这是一个认知上的可利用性的典型案例。其实钥匙就在你穿的夹克的口袋里，但是你根本没有意识到，还在慌乱地寻找。之所以会出现这种情况，就是锚定效应在发挥作用，你的大脑已经形成了一个固定思维，就是"钥匙应该在门上"，你根据这个特定的记忆来思考问题。

当要做某个决定时，我们会在大脑中综合考虑各种信息，或者使用电脑从网络上获得新信息，帮助我们做出决策。如果能够正确认识到自己存在发现钥匙不见了就会慌张或者会有其他类似反应的倾向，那么以后再发生同样的事情，也许就能够冷静地思考了。因为残存在我们脑海中的以前的经验很有可能成为有用的信息。

但是，我们的记忆力存在着一定的缺陷。我们无法将所有的经验都清晰地记在脑子里。当新的信息进入我们的大脑，旧的信息就容易被我们遗忘。一旦忘记了过去的某些经历，也就无法使用曾经从中获得的经验教训。这就是信息在认知上的可利用性。也就是说，我们的经验本应存在于我们的大脑中，可是后来因为不知它们中的一些去了哪里，我们就无法利用这些经验了。

为何存在信息的可利用性？

前面，我们讲了信息的可利用性，有很多人认为"这是理所当然的"。那么为什么行为金融学提出"信息的可利用性"这一概念呢？

之所以提出这个概念，是为了验证人们使用的信息中存在"基于主观"的可利用性。人们在使用信息时有一定的倾向性，所以"判断并不总是正确的"。此概念的提出正是以这个为前提的。

那么如何才能更好地使用信息的可利用性呢？特别是，如何更好地利用以前的经验做出更恰当的决策呢？

为了实现上面的目的，关键是对过去的经验进行理论化的分析和记录。其中尤为重要的是对失败经验的积累。在我们进行决策时，客观地分析过去成功的经验和失败的教训是正确使用信息的第一步。

首因效应和代表性偏差
信息的接收方法可以改变一切

1. 信息接收的顺序不同，我们的印象也不同之一：首因效应

首因效应是启发的一种，是指个体在社会认知过程中，通过第一印象得到的最初的信息对个体以后的认知产生的影响和作用。信息的接收顺序对决策有很大的影响。

在我们的日常生活中，经常遇到这样的事，对于同一件事，大脑接收的顺序如果发生改变，我们对这件事的感觉或印象也会不同。在行为金融学中，我们将其称为"顺序效应"，将拥有巨大影响力的"第一印象"称为"首因效应"。

这里向大家解释一下什么叫作"首因效应"。首因效应是指当人们向大脑里输入各种信息时，最初被输入的信息在大脑中留下很大的印象，并且会支配人们对所有信息的感觉。

关于首因效应，有一个很经典的实验。实验组织者将被实验者分成A、B两组，并告诉被实验者有一个假设人物，叫作G。实验组织者

对A组人说"G是个理智的人，他勤勉、温厚、有批判精神、很顽固、嫉妒心很重"；但对B组人是这么说的，"G是个嫉妒心很重的人，他很顽固、有批判精神、温厚、勤勉、理智"。这两个说明简单明了，对G性格的描述在内容上是一样的，但是顺序不同。然后，实验组织者又给A、B两个组的成员看了一张照片，使他们对G的印象更加具体化了。当然了，给两个组看的照片是一样的，是同一个人的照片。

向A、B两组做完介绍后，实验组织者分别问A、B组两个相同的问题："看了G的照片后，对他有什么样的印象？如果G成为学生会主席，你认为他会认真工作吗？"两个组给出的答案非常有趣。

A组成员对G的印象大多是"看起来好像很聪明""好像是个挺严肃认真的人""很成熟，像个大人"之类，几乎没有人回答"看起来非常固执"。也就是说，大家对照片上的G的印象非常好。

但是B组给出的答案和A组大相径庭。B组人的回答与实验组织者介绍时的内容很像，很多人回答说"确实啊，从他的表情就能看出他有些固执啊""好傲慢呀""与其说他嫉妒心重，不如说他更偏执吧"等。由此可以看出，虽然实验组织者介绍的内容是一样的，被实验者看到的照片也是相同的，就因为实验组织者介绍时说的顺序不同，给被实验者的印象就有如此大的差别。

更有意思的是对第二个问题的回答。因为A组人对G的印象很好，所以对G成为学生会主席大都持正面的评价，比如很多人回答"相信他会不负众望""他会认真地做一些实事吧""他做事很认真，所以没什么担心的"等。但是B组的成员对他的印象不怎么好，所以对此大多持消极态度，比如很多人是这么回答的，"很担心他的任性""他可能不会倾听别人的意见吧""他是个对什么都持反对意见的人"。

结果为什么是这样呢？这是因为，实验组织者向被实验者介绍G的性格时，"勤勉""顽固"等说明性格的词语出现的顺序不同，所以被实验者大脑中对G印象也不同。看过照片后，他们此前形成的印象被加深了。在印象加深的过程中，早期输入大脑的信息形成的印象加深的程度更甚。

如前文所述，我们接收信息时的顺序不同，形成的印象、感觉或者结论有时会截然相反。

2. 首因效应和第一印象很重要，是真是假？

首因效应存在于我们生活的各个方面。在这一节，我们将通过一些事例，来看看第一印象到底有多重要。

首因效应无时无刻不在我们的日常生活中发挥着重大的作用。举一个最简单的例子。在第一次见面时，给我们印象最深的是对方的外表。这最初的印象会在随后的时间里不断地放大，直到我们对这个人形成整体印象，然后我们根据这个整体印象与他交往。所以"第一印象很重要"这句话说得很对。

考虑到人类的心理、认知过程还有首因效应，第一印象在对某人印象的形成上发挥了很大作用。当然，如果根本没有内涵，就算伪装得再好，很快也会被人看穿。虽说如此，如果不注重外表，极有可能给别人留下很不好的印象。

行为金融学中的首因效应向我们揭示了这么一种现象，就是当我们处理各种复杂的信息并试图理解它们时，那些最初获得的信息会给我们留下很强烈的印象，并且会支配我们对其他信息的感知。"如果好好考虑考虑话题的顺序，变更一下顺序就好了"，相信很多人在对待顾客、开会时有这样的经验。

同时，首因效应也有它的问题。一旦我们形成了强烈的第一印象，当获得的新信息和第一印象不同时，我们会非常纠结，也就是说会产生认知失调，而且，即便如此，我们也不愿改变第一印象。

3. 信息接收的顺序不同，我们的印象也不同之二：近因效应

近因效应是指当人们识记一系列事物时对末尾部分的记忆效果优于中间部分，从而影响我们的判定和评价的现象。它和首因效应正好相反。我们对于信息并不是拿来就用的，而是要经过一定的考虑的。

首因效应是指我们最先得到的信息对我们的决策和判断有很大的影响。但是，因为最近刚刚得到的信息比之前的信息更新鲜、更清晰，所以更容易留在记忆里，也更容易影响我们的判断和评价。在一系列的信息中，后面得到的信息更容易记住，我们把这种现象叫作近因效应。首因效应和近因效应到底哪一个影响力更大，根据时间和场

合的不同有不同的答案。

大家都还记得上高中和大学时，考试前拼命记单词的事情吧？有的人一边往笔记本上抄写单词一边背诵，有的人反复看单词表，有的人是通过不停地做单词测试来记忆。记单词的方法有很多种，但是不管哪种方式，相对来说，后面的单词总是记得更牢一些，那些最先记的单词经常怎么回忆都想不起来，这就是近因效应在发挥作用。

在金融市场，特别是在股票市场上，一般后面出现的信息要比最先出现的信息更重要。企业业绩等重要经济指标发布时，市场参与者会对发布的信息进行解读，看企业的业绩和指标比他们的预测高还是低。所以经济指标的发布等新信息、新信号通常具有巨大的影响力。公布的信息经常使人们感到意外，也经常使金融市场发生震荡。这种意外就是近因效应的产物。无论是积极的惊喜还是消极的惊讶，都常常成为导致市场发生重大变动的诱因。

例如在雷曼兄弟公司破产后，市场被一片悲观的情绪笼罩，这个时候如果出现一条美国某大型金融机构有可能确保盈利的利好消息的话，股票、债券等的价格会在一天内或者几个小时内，反正在一个很短的时间内，出现明显的上涨。这是因为，在悲观蔓延的市场上，突然出现的利好消息给投资者的心理带来了巨大的冲击。

但是无法保证近因效应的效果能够长期持续下去。虽然金融市场上出现了一定的惊喜，但是根据大多数市场参与者的行为模式，会出现新的反应和新的倾向，所以近因效应的效果通常会在短时间内消失。

下面我们将信息的可利用性、首因效应、近因效应综合起来考虑。信息的可利用性是说，最新信息对决策有很大的影响，首因效应则是讲最开始得到的信息的影响力很大。而近因效应指后面出现的信息有很强的存在感，它和首因效应是完全不同的两个概念。

首因效应有可能被信息的可利用性和近因效应抵消，当然反过来亦然。

重要的是，"刚开始得到的信息"和"后面新得到的信息"到底哪一个对人们的决策有更大的影响力。根据前面的介绍，如果能够灵活运用首因效应和近因效应，就能够让人对内容记忆深刻。也就是说，我们的认知活动，不仅和我们自身的主观因素有关，信息的传递方式也会在很大程度上影响我们的认知结果。

4. 事物的部分特征就可以代表全部吗？——代表性偏差

代表性偏差是指人们喜欢把事物分为几个典型的类别，然后根据这些典型类别对事件进行推测和估计。代表性偏差虽然有助于我们迅速地做出决策，但也经常妨碍我们正确地决策。

在我们的日常生活中，我们不能保证在每次做决定时都能够搜集到足够多的对我们的决定有利的信息，并对其进行分析。如前文所述，我们通常是通过报纸上的新闻、周围的动向以及自己的经验对事情有个大概的了解后就做出决策。

我们通常将好企业的股票认同为好股票。殊不知，如果市场环境不好，即便是好的企业也有可能资金链吃紧，甚至有可能破产。根据我们之前的经验，我们常常在"好企业"和"好股票"之间画等号，在我们的决策过程中好企业破产的可能性被排除了。

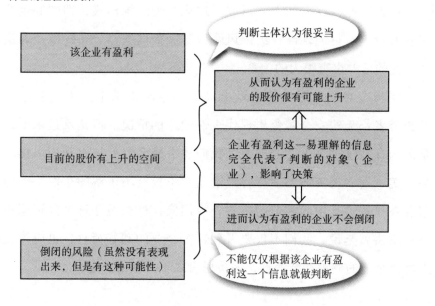

图表 3-7　代表性偏差的陷阱

我们无法验证所有的信息（时间、分量）
→对于市场上的信息和评论（特别是正面的信息），我们倾向于根据自己的经验做决策

该企业有盈利

判断主体认为很妥当

从而认为有盈利的企业的股价很有可能上升

企业有盈利这一易理解的信息完全代表了判断的对象（企业），影响了决策

目前的股价有上升的空间

进而认为有盈利的企业不会倒闭

倒闭的风险（虽然没有表现出来，但是有这种可能性）

不能仅仅根据该企业有盈利这一个信息就做判断

行为金融学将代表性偏差定义为"人们从'好企业'三个字联想到的，是对高收益的期待，这是一种认知性偏差"。

在最近的金融危机中，很多企业陷入了破产的境地。特别是在日本的房地产界，伴随着大规模的开发和金融环境的不断恶化，很多企业的资金链紧张，就此破产。为什么投资者们忽略了这些企业破产的可能性呢？

正如我们在前面反复提到的，当我们做出一个决策时，我们无法对相关的每一条信息都仔细研究，也无法综合所有信息做出最后的决策。特别是证券交易所和证券分析师们，面对浩如烟海的企业信息，需要在短时间内分析、理解、判断，然后寻找能够获得收益的方法。还有，由于证券公司的销售人员希望多签订交易合约，所以不会积极地向投资者说明有哪些利空消息。

正因如此，在市场上才形成了这么一种思维模式，即"好企业意味着股价上涨可能性高，破产风险低"。美国安然公司的破产和这种认知性的偏差也有很大的关系。

在当今必须在短时间内做出决策的金融市场中，无论多么优秀的投资者都无法完全避免出现代表性偏差的情况。但是反过来说，正是因为存在这种决策上的偏差，我们才有机会好好加以利用以谋求利益。美国著名投资家巴菲特曾经说过"不投资不了解的东西"，为了避免在投资过程中犯类似的错误，我们应该严格遵守这个投资原则。具体来讲就是说，我们不仅要看到这个企业的利好消息，也应该充分考虑该企业的各种利空消息，多番思量之下再做出决定。

我们自愿被概率欺骗

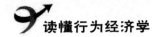

1. "应该能中奖！"——赌徒谬论

之前的经验和主观判断有时会歪曲从概率论中得到的客观预测。这就是赌徒谬论。其典型案例就是："应该能中奖！"

想当然地对概率抱有期望

所谓"赌徒谬论"，简单说，是指人们根据自己的主观想法和感受随意地对某一特定事件的发生概率有过高的期待。也就是说，虽然某事的发生概率是恒定不变的，但人们有时还是认为该事的发生概率更高。特别是对于连续发生的事件，认为其发生的概率随着之前没有发生该事件的次数而上升。

我们用一个简单的例子来详细说明。根据概率论，在押轮盘赌时（假设赌博公平），每局出现红或黑的概率都是50%。我们假设前5次都是黑。

这个时候，我们往往根据直觉认为"已经连续出现5次黑了，下次很有可能是红""重复进行的次数越多，各种情况出现的概率应该越接近平均数，所以下次更有可能是红"。这就是赌徒谬论。仔细想想就能够知道这种想法根本没有合理的依据。

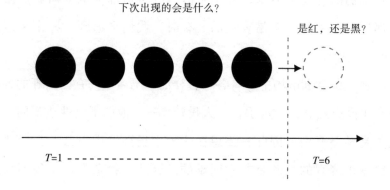

图表 3-8　连续发生的事件，会影响下一次的结果吗？

下次出现的会是什么？

是红，还是黑？

T=1 ------------------------------------- T=6

俄罗斯轮盘每次转动都是独立的，上一次的结果并不影响下一次，无论进行多少次和结果如何，下一次出现红或者黑的概率仍然相等。除了俄罗斯轮盘，掷色子也容易让人犯赌徒谬论的错误。

"越是持续下跌的东西越有可能上涨"，是真的吗？

在市场活动中也经常出现这种情况，由于受主观因素影响，我们对客观概率判断出错。行为金融学的研究者们曾做过这么一个实验，让参加实验的人投资一只虚拟的、价格随机波动的股票。结果显示，这只股票越是持续下跌，参加实验的人越是相信其股价会上升，越是愿意长期持有这只股票。这就说明，在许多投资者的心里存在这么一种单纯的想法——越是持续下跌的东西，越有可能上涨。

实际上，通过基金管理者以及操盘手的谈话得知，在他们这些专业投资人员中也有人持这种观点，即"越是持续下跌的东西，越有可能上涨"。特别是当银行利率上升，债券价格随之下跌时，很多人错误地认为"（债券价格）很快会回归平均"。

在我们的日常生活中，并不是所有的事情都像俄罗斯轮盘赌或掷色子那样，发生的概率是客观的。有时，我们会遇到一些未来走向非常不明朗的事情。

特别是在金融市场中，有各种各样的参与者——有国内外的各种机构的专业投资人员，操盘手，个人投资者——他们不仅性质不同，思考方式更是千差万别。因此，要想在这种市场环境中对某一只股票未来的走势做出客观的判断是非常困难的。因此，投资者们不得不根据自己的想法对发生概率做主观判断，这就为投资者们陷入赌徒谬论设置了陷阱。

2. 某价值股票基金管理者和赌徒谬论

无论在市场上摸爬滚打了多少年，投资者都有可能判断失误，对发生概率判断错误，从而做出不恰当的决策。下面我们将以一个基金管理者为例，说说这种错误的可怕之处。

这是一个某价值股票基金管理者的例子。

2008年雷曼兄弟公司破产以后，世界股票市场的股价急剧下跌。

股价一旦下跌，PBR自然也会下跌。在这种情况下，这位价值股票的持有者买进了一些价格被低估了的发达国家的股票。他认为，这是一个投资在海外有良好发展的美国大企业的绝好机会。

图表 3-9　下跌行情和赌徒谬论的影响

纽约道琼斯工业平均股指

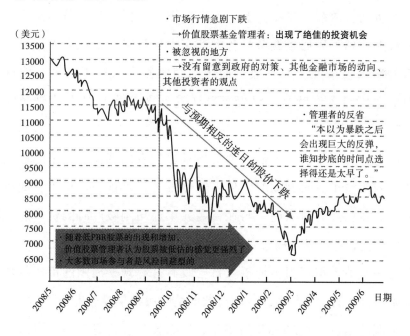

当时，美国财政部为了支持某些金融机构，公开向其注资，以改善金融机构的资金流动状况。但是大部分市场参与者认为，仅仅公开注资还远远不够，如果无法有效处理流动性极差的证券化商品和基金，问题根本无法得到解决。另外，资产买卖的具体实施必须在政权成功交替后才能进行，所以投资者为了回避股价下跌的风险，纷纷抛售股票，股票市场的下跌趋势就更加明显了。

我们这位操作者认为自雷曼兄弟公司破产后，"整个市场是被低估的"，所以大举买进股票。他之所以会做出这个决定，不仅是因为大型投资银行和保险公司的股票被低估了，而且他还认为"政府会在今年出台一系列救市政策"。他过于相信"价格被低估，机会就出现"，所以虽然他清楚人们的消费意愿冷淡，住宅市场低迷，新兴国家经济增长放缓，矿石企业生产大幅下跌，但是他还是不愿改变自己的观点。到了年底圣诞节，各大商家大比拼时，他认为人们对廉价商店的需求会增加，而且廉价商店的销售额会与往年持平。他这么想的根本原因也许就是"已经下跌了这么久，应该马上就要触底反弹了"。

可是，直到年底，人们的消费需求也没有出现任何上涨的迹象。他的计划落空了。直到此时，他才突然发觉自己抄底抄早了。此时才醒悟，显然已经为时太晚。与在雷曼兄弟公司刚破产时的资产总值相比，这时他管理的基金的总资产只剩下30%。

后来，他不得不沮丧地承认自己没有好好观察周围的市场行情，只是相信自己的主观判断，认为"被低估的股票早晚会上涨"。

类似的案例，在2008年后半年，屡有发生。而且越是"资深投资者"损失越大。从旁观者的角度来看，股票既然亏钱那么卖掉就可以了，可是对于当局者来说，正是因为他们的责任感很强，所以更容易固执己见。也正因如此，专业投资者才会犯赌徒谬论的错误，才会损失惨重。如果能够冷静下来问问自己，"我是不是主观提高了事情的发生概率"，也许就能够防止自己在市场下行时遭受过多损失。

3. 其他的启发和药方

启发对于我们做出正确的决策有时有益，有时有害。它有时会令我们过于固执己见。前面介绍了许多可以改善我们决策的小方法。这一节，我们介绍一些其他的启发。

这一节，我们将介绍一些与启发有关的事物和现象，我们会对其进行解释，并提示大家在哪些地方需要多加注意。在减少复杂性上，启发有一个非常有效的心理信息处理机制。但有时，它的这种机制会产生反面作用，需要大家多多留意。

联言谬误

所谓"联言谬误"是指人们经常夸大理论上联系紧密的几个事物的发生概率。虽然两个事件同时发生的概率要低于单一事件的发生概率，但是当人们认为多个事件同时发生的概率要比单个事件发生的概率高时，人们更倾向于选择发生概率低的那一个。

有条件概率谬误

所谓"有条件概率谬误"是指当条件复杂时，人们的反应往往是武断的、感情用事的。当我们解释的事件附有一个非常容易发生的条件时，我们常常将条件和事件混同起来。

比如汽车经销中，汽车的价格和性能之间的关系。我们假设有90%性能好的汽车是价格高的汽车。某经销店里有15%价格高的汽车，有10%的汽车是性能好的汽车。根据上面给出的条件，价格高且性能好的车的比例是多少呢？根据已知条件，价格高且性能好的车的比例是 $0.9 \times 0.1 = 9\%$。那么，价格高的汽车中性能好的比例是 $0.09 \div 0.15 = 60\%$。这时，"90%性能好的汽车是价格高的汽车"这个条件与"性能好"这个事件容易混同起来，人们容易很武断地将价格高的汽车等同于性能好的汽车。

夸大经验

所谓"夸大经验"是指我们常常根据经历过的事情，建立因果关系。联系之前讲过的首因效应就比较容易理解了。当我们接触一个新工作时，我们会回想过去是否有过类似的经历，然后根据我们的经验开展这个新工作。在这里，之前的经验就是首因，影响着我们的判断。但是，因为无法保证过去的事情和现在的状况100%一致，所以有时根据经验得不到我们希望的结果。

夸大因果关系

夸大因果关系是指对于和过去有关的事情都认为有因果关系。当我们对未来进行预测时，很多时候都是根据过去是什么样子进行的。也就是说，我们总是根据特定的因果关系来做出决策的，这点需要我们注意。

归因理论

归因理论是指人们有将周围的事件或现象的产生归因于自己或他人的倾向。

比如，如果自己的判断正确无误，我们会认为是自己的能力强，认为所有的事情都在自己的掌控之中。而且即便在最终的决策中发挥了决定性作用的是外部的信息，人们也会认为这应该归功于自己的能力。相反，当自己的决定并没有带来理想的结果时，我们倾向于怪罪他人或周围的环境。这样，我们就无法从失败中吸取教训，也就有可能不断地重复同一个错误。

和启发有关的各种事件或现象，在帮助我们更好更快地做出决策的同时，有时也使我们倾向于以对我们有利的方式思考，使我们把复杂的事情过于简单化处理。

当我们出现认知失调时，我们容易根据自己的猜测做判断，并安慰自己说"就只能这么办了"。在做出决策的那一瞬间，我们想的不是决策的结果到底对我们是否有利，而是一种希望尽快逃离目前的困难状况的心情。

当事情按照对自己有利的方式开展时，我们心里会想"我早就知道会这样"，认为这个结果正是自己当时所设想到的，这就是事后聪明。这个时候经常听到人们说"我就说嘛""跟我想的一样"。然后，人们的归因意识会高涨，对此的解释就是"我有这个能力"。

行为金融学的理论对于人们排除直觉的干扰能够起到很大的作用。

第四章

行为经济学的应用范围
——从市场分析到经济政策的制定

用行为经济学来解释市场动态

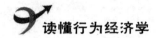

1. 市场真的是正确的吗？

实践中的行为经济学

在前面几章中，我们主要介绍了人的心理对其判断或决策产生的影响。从日常生活到金融市场，无处不充斥着我们的决策以及决策带来的影响。其中有疑惑，有期待，只有当疑惑和期待达到一致时，交易才能够达成。传统经济学理论正是以市场供需的一致，即"均衡点"为研究对象的。

此前，很多投资者通过计算公允价值来寻找市场的均衡点。毫无疑问，寻找市场的均衡点是很重要的。

但是，随着经济环境的变化，投资者身处其中的大环境也会变化，那么公允价值也就有可能随之发生改变。

本章，我们将运用前面介绍过的理论来试着分析各种经济现象，特别是运用行为金融学解释现实中的例子。

我们相信，用行为经济学的理论肯定能够生动地解释经济现象，并令大家感觉趣味盎然。

为什么会发生银行挤兑现象？

在银行、证券公司等和金融市场有密切关系的行业中，一直有一句祖训："市场上发生的所有事情都是合理的。"

如果一个投资者操作失误，造成了损失，那么就说明他对市场的判断是错误的。如果他的预测很准确，获利颇丰，就说明他是对的。反正，市场是对的。从结果就知道自己的决策是否正确。

市场总是能为我们提供各种各样的信息。政治家的发言、市场参与者的观点、地区形势、政治动向、地缘政治的风险，还有各项经济指标、对未来财政政策的预测、实物资产的动向、各金融机构的经营状况、大多数企业的资金流和业绩，以及各种小道消息，诸如此类，不胜枚举。

次贷危机爆发以后，各种信息满天飞，投资者和家庭等经济行为体更难做决策，甚至出现了银行挤兑的情况。作为英国五大抵押借贷机构之一的英国北岩银行，受到美国次级房贷的拖累，在短期金融市场中资金借入出现了困难。得知此消息，前来取钱的顾客在北岩银行的门前排起了长队。冷静地分析一下就知道，对于大多数人来说，根本没有必要这么做。

虽说如此，一旦那些靠吸收储户存款进行放贷或融资以获取收益的商业银行出现危机，对社会将产生巨大的恶劣影响，所以各国都建立了存款保险制度。通常，各商业银行通过加入存款保险，存款人以赔付额度为上限的存款就得到了保障。如果加入存款保险的银行无法应对存款人取款的需求，存款保险机构将代替银行在赔付额度内赔付存款人。

当吸收了民众存款的银行经营不善时，人们都希望尽快将自己的存款取出来，以保证自己免受损失。但是，人们的这种行为不一定真的能够保证存款人的利益，可以说，这时就出现了决策困难。

市场价格总是合理的吗？

后来，英国北岩银行被英国政府收归国有了，也避免了无法支付储户存款情况的发生。但是，根据行为金融学的观点，这次的银行挤兑事件，相比日常的各种经济现象，是更有价值的研究材料。

我们先考虑一下银行挤兑事件是怎么发生的。最先极有可能是有人散布"那个银行要出事"的谣言，致使恐慌在民众中蔓延。于是，深感不安的存款人决定去银行把自己的钱取出来。取款人数的不断增加，引起了追风效应，去取款的人越来越多，最终出现了前面提到的众多存款人挤兑的场面。

这时，存款人心里的逻辑不是"在银行窗口排队 = 保护自己的财产"，而是"别人都排队了，我不排不行"，他们正是被这种自我强迫的观念所驱使。银行出现资金困难时，存款人想要"保护自己财产"的合理行为，这时已经不再合理。

上面的解释套用在泡沫经济中，也是合适的。本来，泡沫经济在传统经济学理论中就无法得到严密论证。一般认为，泡沫经济就是商品价格上涨，并远超理论价格。经济的泡沫就如同肥皂泡沫一样，不断地膨胀、变大，当市场参与者对经济的不断膨胀感到不安时，泡沫就会突然破裂。无论是在泡沫的形成过程中还是在泡沫的破灭过程中，投资者都是一窝蜂地"买"或者"卖"。在这里，问题的关键是投资者不知道市场价格的高涨是否正确、是否合理。

前景理论认为，我们在决策时无意识中设定的基准点，即参照点，会随着状况以及自身责任感的改变而发生变化。因此，在经济泡沫的漩涡中，我们很难判断自己身处其中的市场环境到底是怎样的。也就是说，我们很难验证市场价格在每一个时刻都是合理的。

2. 感知市场的温度，可能吗？

决策的尺度不是一定的！

行为金融学中非常重要的一点是经常用"可变的"尺度来分析问题。如同我们在前面讲到过的，作为前景理论的价值函数的一个重要因素——参照点，受到以责任心为代表的众多因素的影响。

每个市场参与者都背负着必须创造附加价值这一责任。因此，他们不得不对各种不确定性因素加以分析，并且不断开发新产品。这时，身处不确定因素中的各经济主体的责任心越重，对环境的控制欲就越强。

例如，某汽车生产企业的产品开发部的设计人员为了在通货紧缩的市场环境下，增加汽车销量，尽量压低销售价格，将开发的重心放在利润率高的车型上。

所谓"通货紧缩"，就是市场的供给和需求平衡被打破，需求小于供给。这时，消费者的消费需求低迷，人人紧捂钱包，不愿花钱。各个家庭一面抱怨工资水平低下，一面尽量削减开支，为将来可能的开销努力储蓄。如此一来，商品变得越来越难卖，各个企业不得不打价格战。

下面，我们试着站在设计者的角度再次审视这个问题。为了提高业绩，他希望将能够调动起消费者消费欲望的低价汽车推向市场，为此，他会尽量压低成本，设计一种更加便宜的汽车。汽车的内饰尽量简洁，安全性维持在一定的水平，比如安装安全气囊等，设计的重点是尽量减轻车体的重量，以使设计出来的汽车更节能环保。根据这些设计理念，新车型终于设计出来了，并计划投入市场。

这个时候，究竟消费者对这个新车型的反应如何，谁也不知道。在通货紧缩的市场环境下，这款低价节能的新车也许正中消费者的心意，能够收获大量订单。但是，如果消费者更加关注的是汽车给其带来的满足感（自尊心）的话，过于简单的内饰也许会起到相反的作用，汽车的销量也就上不去。

用行为经济学分析设计者的辩解

结果，这款新车的销量并不如设计者们预期的那样好。面对这种结果，设计者们也许会这么想："前期的市场调查认真做了，业内其他公司的新动态也参考了，如此提出的新车设计方案理应能够刺激消费者的消费欲望啊。"持这种自我防御型逻辑的设计者们怀疑"是不是市场销售策略上还不太理性"，有可能决定再去申请更多的广告宣传费以促进销售。

新车的设计者们为什么会陷入如此境地呢？用行为经济学的观点

可以很容易做出解释。首先，设计者想的是在通货紧缩这个不太令人满意的市场环境下，一定要为公司业绩的提高做出自己的贡献。这种想法越强烈，他们在开发新车时的"责任感"也就越强。

而且，设计者们还有一种"汽车设计专业人员"的自尊心。即便消费者对他们的设计没有给予全面好评，设计者们也会因为曾为公司销售业绩做出过重大贡献而想当然地认为自己设计的车肯定能够热卖。这就是自尊效应。正是这种自尊效应使他们很难承认自己的设计不被消费者欢迎的失败。

当然，我们也不能否定另一种可能，那就是前期的市场调查存在缺陷。特别是在通货紧缩，消费者购买欲极端低迷的市场环境下，"到底什么样的价格才能为消费者所接受"，对这个问题的把握是非常困难的。

在这种情况下，将问题简单化，理解成"消费者喜欢便宜的商品"，显然是十分不恰当的。消费者喜欢便宜的东西，可以说适用于几乎所有的消费市场。需要我们时时刻刻不能忘记的是，如何区分消费者的属性和哪些人是真正想买车的人。也可以说他们的失误是没有正确地把握汽车消费者的需求。

在对信息的把握和理解上，一个人过去的成功经验产生的自尊效应越强，越容易受困于往日的成功的模式。因为人们会认为"上次我成功了，这次我这么办还能成功"，也就是说，他们认为成功可以复制。这么想的人没有留意到，随着时间的流逝，社会形势变了，市场环境也变了，如果还是按照老一套来办，失败当然就在所难免。

对市场的把握始于参照点的设定

上面的事例将把握市场的需求（即"市场的温度"）的困难体现得淋漓尽致。无论是投资，还是产品开发，在所有的经济活动中，明确看到自己的想法与市场的实际情况之间的差别是做决策的第一步。然后需要在此基础上，对两者的差异点进行分析。

中国股市和国外股市相比，没有那么成熟，表现比较低调。如果在这种情况下某投资者仍然坚持自己的想法不变，还是看好中国股市，那么其收益显然无法得到改善。因为这个时候，中国股市的"温度低"。

周围的人们是如何考虑的，也就是说市场在多大程度上意见能达成一致，对这个问题有了答案，就知道现在市场行情到底应该看涨还是看跌，这样就有可能避免责任心和自尊等主观心理因素带来的负面影响。

只要市场的参与者是多元化的，那么就不存在绝对的判断标准。价格标准常常根据大众的心理状况不断变化。

3. 如何有效利用人们对股票价格的预期？

套利者正期待着泡沫的产生？

投资者之所以投资股票，当然是为了追求财富的增加。与此同时，还因为他们认为"投资股票，利润丰厚且获利机会多"。从某种意义上来说，这是受到了"股票投资＝赚钱的机会"这一启发的刺激。以此为前提，投资者可以分为三种类型，分别是：积极调节型、套利型和消极型。

第一种，积极型的证券交易者，一般是股价上升时买入股票，股价下跌时卖出股票。这种投资者一般是个人炒股者或者传统的积极运用平衡术的人。

第二种，是进行套利交易的投资者。他们一般通过买进那些被市场低估的股票、卖出那些被市场高估的股票来获取高额利益。

第三种，消极型的投资者不主动选择股票，而是投资那些体现市场整体状况的指数型基金。当行情好时，能获得收益；当行情不好时，就跟着亏损。

一般来说，当股价在短时间内大幅上升时，比如2007年的中国股市，很多投资者在向市场投入资金以前都认为"中国股价被低估了"，他们此时的投资是一种套利型的投资行为。

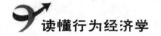

分析套利者的行为

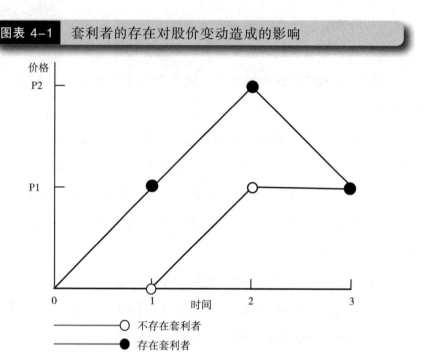

图表 4-1　套利者的存在对股价变动造成的影响

　　图表4-1体现了套利者的存在和经济泡沫发生之间的关系。竖轴表示价格，横轴表示时间，共有三个时间段。在第三个时间段，投资者将持有的股票卖出，清算头寸。图表4-1中的"价格"是各个时间节点的股票价格。

　　我们设定，在图表4-1中0这个时间节点上，股价是低迷的。这里需要注意的是，由于套利者的存在，股价在升过第一个时间段后，在第二个时间段继续上升，并在第三个时间段剧烈下跌。

　　下面解说一下套利者的投资行为。在第一个时间段，套利者判断某一股票的价格被低估了，所以开始大量买进。这时，积极型投资者发现股价由于套利者的买进上涨了，于是决定趁着这股上涨的势头跟着买进，这是第二个时间段。

　　随着股价的上涨，套利者的头寸发生了变化。由于积极型投资者的跟进，原本被低估的股价已经恢复到应有的水平，甚至被高估了，套利者决定卖出这些被市场高估的股票。这就是第三个时间段。套利者将股票做空后，股价逐渐接近公允价值。

　　如果市场中不存在套利者，在第一个时间段，股价就不会上升，也就没有股价在第二个时间段的再次上升。

　　顺带说明一下，积极型投资者的存在也是经济泡沫出现的重要因素之一。数量众多的此类投资者在第二个时间段的加入，才使得股价在短时间内被炒高。

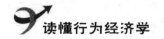

4. 能够通过被歪曲的市场预测未来吗?

"预制未来"可能吗?

以传统经济学理论为根据的效率市场假说，其市场的效率性如图表4–2所示，主要有三个方面。

图表 4–2 市场的效率性的三个方面

概念名称	基本观点
弱式效率	现在的股价只能反映之前股价的相关信息，无法预测未来的股价动向以及影响未来股价的因素。
半强式效率	现在这个时间点，公开的所有信息都在股票的价格上得到了反映。
强式效率	股价反映了所有的信息，包括公开的和非公开的信息。因此，无论采取什么样的手法，都不可能获得高于市场平均收益的利润。

越往下 效率越高

根据效率市场假说，市场是有效市场，所有的市场信息都能够影响金融商品的价格。因此，无论你的预测有多么准确或多么高明，都不可能获得超过市场整体水平的收益。这些是效率市场假说的基本内容。但是在实际的金融市场上，那些基金管理者等市场相关人员都深信"获得超过市场整体水平的收益是完全可能的"。而且，在他们之间还存在这样一个疑问——"市场真的是有效的吗？"有些人更是直接指出"市场并非总是有效的"，经济泡沫的出现就是证据之一。

于是，人们忍不住想问，准确地预测未来，以此作为获得收益的方法是否就是可能的了？根据前景理论和启发观点，投资者做的决策并不都是合理的、恰当的。这些投资者的存在成为市场的噪声，使股价偏离了正常水平，这些都是实际存在的。如果能够正确利用这些"偏离"或"歪曲"，也许能够获得超过市场整体期待收益水平的超额收益。这其中必须考虑如何寻找到市场中无效率的部分，并灵活投资。

如果能够准确判断市场中的主要信息有哪些、市场参与者的观点有多大的误差，就能够知道市场在多大程度上是有效的。

我们以VIX指数（芝加哥期权期货交易所使用的市场波动性指数。它由标准普尔500指数的成分股的期权波动性组成）为例，它的动向是有一定参考价值的。

金融工程学认为，一般来说，可以将价格的波动性认同为风险的参数。一旦价格波动剧烈，有可能巨亏，有可能大赚。正因如此，它的风险才高。我们可以将波动性看作表示价格波动的指标。

图表 4-3　VIX指数走势图

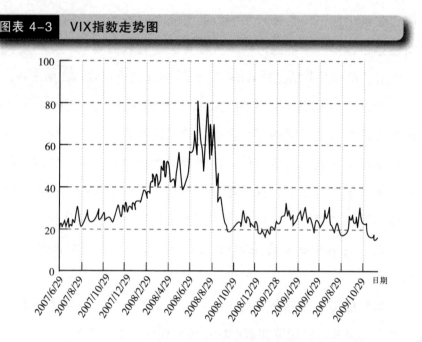

通过把握市场中交易的波动性，就能够知道市场参与者对市场波动的预期。当市场波动剧烈时，获得高额收益的机会也会增加，同时，输得一无所有的可能性也极高。VIX指数之所以被称作"恐慌指数"，就是因为指数越高，投资者对股市状况越感到不安。但是，正是这种市场环境的变化才导致股价不正常地过高或过低，才为获得收益创造了潜在的机会。

通过案例学习行为金融学及其应用

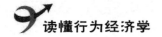

1. 案例一：泡沫经济和追风现象的关系

泡沫经济使股东和管理者同心协力

2000年上半年，美国住宅市场的泡沫在市场过热的现象中持续，美国金融机构的管理者们依靠销售次级房贷衍生的金融产品获得了良好业绩，也通过高涨的股票获得了不菲的报酬。

在次级房贷的问题显现之前，不仅仅是持有金融机构股票的股票投资者们，那些投资证券化金融商品的投资者们也通过同一商品的高额利润受益，获得了良好的投资回报。金融机构的管理者们通过炒高股价增加了自己的酬金。因此，很多金融机构为了追求高收益，热衷于做证券化金融商品。同时，作为企业所有者的股东，受到了金融机构漂亮决算的鼓舞，并没有反对这种充满风险的、对证券化金融商品的"热衷"。虽然有一部分经济学家曾经对美国住宅市场的过热提出过警告，但是在一片狂热的市场中，这种警告被认为是异端邪说，没有几个人听得进去。

图表 4-4	美国大型金融机构的股价走势图

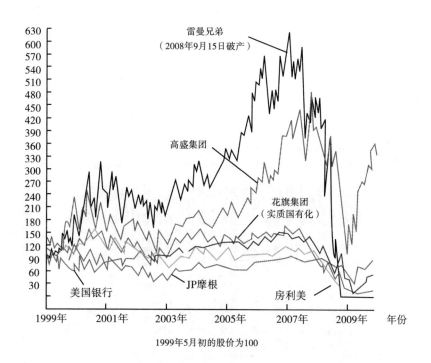

1999年5月初的股价为100

　　从企业经营的角度来看，这次的金融危机也体现出企业在面对泡沫经济时是多么无助。如果企业以追求股东利益最大化为最高决策原则的话，那么当然就应该在短期收益率高的领域投入更高的经营资源。但是，如果过于追求短期收益的话，又极有可能引起像这次一样大规模的金融危机。问题的关键就是这样的行为是否能够长期、持续地提高企业的收益。

追风效应能够改变人们的风险容忍度

追风效应不仅会改变企业的经营活动，也会大大改变个人对风险的容忍度。和美国相比，日本家庭属于风险回避型，但是在泡沫经济时期，日本家庭的资产构成和其他时期相比，发生了变化，具体如图表4-5、4-6所示。

图表 4-5　金融商品的选择标准

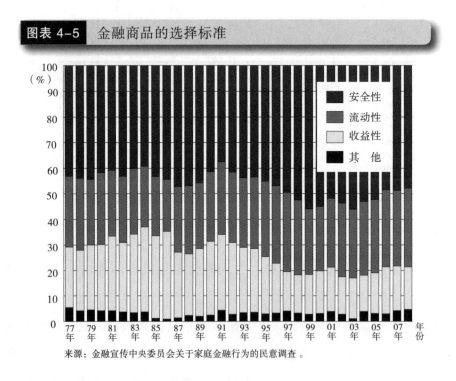

来源：金融宣传中央委员会关于家庭金融行为的民意调查。

图表 4-6　家庭金融资产的构成情况

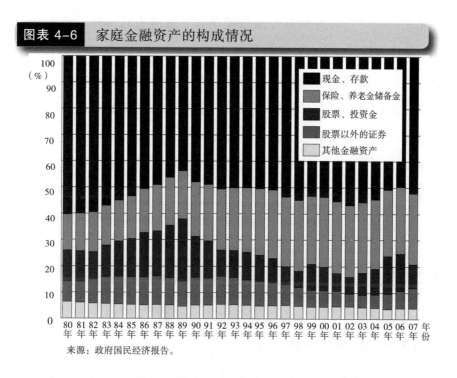

来源：政府国民经济报告。

从图表4-6可以看出，20世纪80年代后半期，家庭金融资产中股票、投资所占的比重甚至超过了20%。主要是因为当时股市是大牛市，人们普遍认为只要向股市投资就能够赚钱。也就是说，在这一时期，有一部分个人投资者已经被股市的泡沫蒙蔽了双眼。

在充满竞争的市场中，每个企业都希望能比竞争对手创造更多的附加价值，能为股东带来更多的利润。因此，一旦某一行业或业务能够带来利润，很多企业都想加入进来分一杯羹。每个企业都知道，比竞争对手迟一步就有可能成为致命的错误，管理者的宝座也有可能不保。因此，大家寻找收益源的意识都非常高。

一般来说，在充分竞争的市场环境下，发生无效率的资源分配的情况比较少，只有将稀有资源分配在有发展潜力的领域，才能够为经济的高速增长创造条件。

但是，市场竞争的加剧，有时会改变企业以及股东的观点。也就是说，他们忘记了自己判断的标准。随着追风现象的不断加剧，企业不禁想"竞争对手都这么做了，我要不采取行动那可不行啊"，于是越来越多的企业加入这个领域或行业里来，追风效应的规模也就越来越大。

2. 案例二：史上最大的庞氏骗局和首因效应

前所未有的巨额诈骗案

2008年12月，前纳斯达克主席伯纳德·麦道夫设计的投资诈骗案被揭发。其涉案金额巨大，可以说是史无前例的。这一诈骗案令很多世界著名金融机构损失惨重，包括西班牙的桑坦德银行、英国汇丰银行还有日本的野村证券。

这一案件中最令世人不解的是作为投资专家的著名金融机构为何长期以来都没有发现这是一个巨大的庞氏骗局，而且被骗金额如此之多。在麦道夫的诈骗案中，直到现在仍然值得我们特别注意的是虚假的基金增值记录。

但是虚假的基金增值记录绝不是在骗局被揭穿时才第一次被披露。特别是在资金进出非常频繁的对冲基金领域，基金管理者为了吸引更多的人加入，为了筹集更多的资金，屡有夸大基金增长率的情况发生。自从发生了这件惊天诈骗案，人们要求对基金公司加强管理，并且要求建立更严密的评价系统，提高基金信息公布水平。希望投资者的这些要求能够使基金管理者的所有伪装就此结束。

强化了监管机制的投资者们认为现在的基金操作管理体制能够保证欺诈案件不会发生。遗憾的是，麦道夫的欺诈案还是发生了。麦道夫管理的基金公司对投资者宣称其投资年收益可以保证达到10%~20%。

但是他的公司的具体财务状况是不向外披露的。在世界股票市场整体上升的2005年，这样的收益是可以保证的。但是，将收益率维持在20%以上是很难的，特别是在市场不好的时候，更是难上加难。机构投资者们很清楚管理一只基金，并且能够获利是一件多么艰苦卓绝的事。让这只基金常年维持20%以上的收益率有多困难更是可想而知的了。也许麦道夫诈骗案正应了那句话："淹死的多是会游泳的"。

那些上了当的投资者的心理

机构投资者经常接触众多资产管理公司，并对其管理的资产进行评价。他们在不知不觉间形成了这么一种心理："我们接触了那么多专业管理人员，评价过那么多资产，怎么可能还会出错？"很明显，这种想法过于自信了。这种过度的自信极有可能成为我们的敌人，正是这种过度的自信使我们无法冷静地判断市场状况，使我们无法倾听市场的声音。

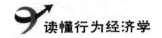

图表 4-7 麦道夫的庞氏骗局

投资者	基金管理者
·和很多基金管理者见面，过于相信管理者们的判断力。 ·他是原纳斯达克主席，投资成绩卓越，这是首因效应。 ·其他投资者的行为： 很多著名金融机构也委托麦道夫帮助投资，所以风险就更低了，这是追风效应。 ⬇ ·综合以上众多因素，认为麦道夫获得的收益是正当的、真实的。	·想要获得更多的投资资金。 ⬇ ·需要展示更好的投资成绩。 ⬇ ·开始虚假记录。

　　另外，在麦道夫诈骗案中，麦道夫作为一个管理者的社会地位给了投资者很大的安全感。麦道夫是原纳斯达克主席，很容易使人们产生一种"他熟悉市场，能力有目共睹"的第一印象，这里就体现了首因效应。令人感到好奇的是麦道夫的金融管理公司不向投资人出示公司的详细财务报表，而且虽然此前就有人对此表示怀疑，但是许多著名金融机构还是轻易地上当受骗了。也许是因为麦道夫向他们承诺并兑现的高收益太过诱人，所以这些机构认为将钱交给麦道夫是安全的。这在投资者中形成了一种追风效应。

　　只要人们对金钱还有欲望，类似的事件就还会发生。而且无论各种监管机构和规则多么完善，都不可能仅仅依靠监管就能够保证这种不正之风不再出现。因为投资者会犯错误。正因如此，制订各种规定和管理框架才是必要的。

基金管理者，人为地编造虚假记录降低人们对风险的容忍度，对于长期的产业社会的建立是非常不利的。为了适当控制人们的欲望，充分发挥和健全市场的各项机能，必须制订规范，使财务公开成为一种义务。

3. 案例三：德国大众汽车公司的心理战

一般来讲，对冲基金能够提高市场资金的流动性，使无效率的市场更加有效。特别是那些流动性相对较低的中小型股票、容易被著名投资者忽视的小型项目，为它们提供贷款能够增加交易机会。

但是，对冲基金这种投机性的金融产品，在金融危机中的表现可能无法用常识进行推测。典型案例之一就是2008年10月28日德国大型汽车制造商大众公司股票的表现。

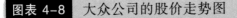

图表 4-8　大众公司的股价走势图

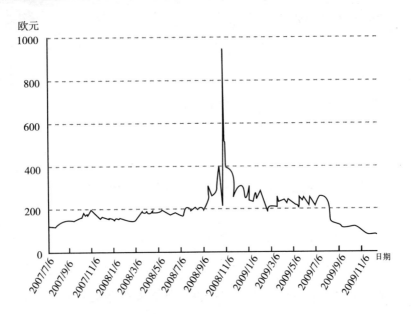

　　大众公司的股票发行完成后，有20%的股票由德国的下萨克森州持有，同为汽车制造商的德国波尔舍公司也持有大量大众公司的股票。特别要提醒一下，波尔舍公司为了能够和拥有良好技术基础的大众公司合作，2008年9月下旬，它一度持有大众公司35%的股票。为此，大众公司在市场上处于交易中的股票甚至不足6%。

　　2007年以后，世界经济由盛转衰，许多汽车生产企业的汽车销量大减，不得不进行大规模的结构重组。因此，很多汽车生产企业的预期销售业绩都是悲观的。有报道指出39名证券分析师对大众公司进行了研究，其中有32人不建议继续持有大众股票。在这种状况下，很多对冲基金的管理者认为虽然大众公司和波尔舍公司有合作，但大众公司的股价仍不可能在短时间内恢复，与没有表决权的优先股相比，大众公司现在的股价太高了。因此，在新股发行时，有12%的股票卖空。

就这样，波尔舍逐渐提高了他们对大众公司股票的持有份额。10月，他们通过场外交易增加了份额，有望在年内持有50%的大众公司的股票。对此感到惊诧的对冲基金投资者们，开始补进大众公司的股票，大众公司的股价在这时出现了反弹。10月7日一个交易日内，大众股票最高涨幅达55%。

但是，大众公司股票的这次强劲反弹完全是因为对冲基金的补进行为，并没有反映市场对其业绩提高的期待。而且，雷曼兄弟公司的破产加快了空头的消失。投资者心理的改观更是带来了股价的上升。证据就是，从世界范围来看，无论是正在整顿经营方式的美国通用汽车公司、福特汽车公司还是日本丰田汽车公司，整个汽车行业的股价都是那么的低迷（见图表4-9）。受到股价快速上涨的影响，大众公司的股价总值一度超过日本丰田。后来，大众公司被证券公司降级，人们逐渐感觉大众公司的股价有些过高，对大众公司未来的业绩也抱悲观态度。再加上波尔舍也似乎认为要获得大众公司50%的股票有些不太可能，因此大众公司的股价逐渐开始再度下跌。

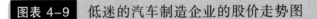

图表 4-9　低迷的汽车制造企业的股价走势图

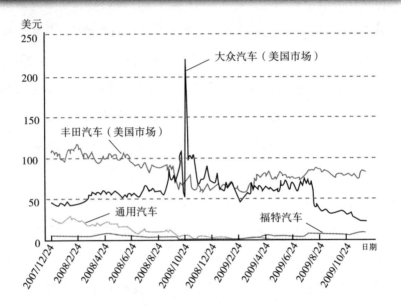

之后，给大众公司的股价带来重大影响的是波尔舍公司在2008年10月26日（星期天）发布的一项决定。这一天，波尔舍公司对外公布计划于2009年年底确保持有大众公司75%的股份。收到此消息的对冲基金投资者认为波尔舍收购大众公司股票势必会拉高大众公司的股价，因此在消息公布的第二天，纷纷抢购大众公司的股票，致使大众公司股票在2008年10月27日出现了史无前例的巨大涨幅（146.62%）。第二天，大众公司的股价一度涨至1005欧元，一举超过埃克森美孚，成为世界上市值最高的公司。

图表 4-10　2008年10月大众汽车股价的变动情况

	当日涨跌幅		当日涨跌幅
2008/10/1	-1.32%	2008/10/17	-10.24%
2008/10/2	-4.13%	2008/10/20	-22.60%
2008/10/3	5.63%	2008/10/21	-12.39%
2008/10/6	5.24%	2008/10/22	0.10%
2008/10/7	-1.83%	2008/10/23	-5.76%
2008/10/8	2.53%	2008/10/24	-7.93%
2008/10/9	0.89%	2008/10/27	146.62%
2008/10/10	15.20%	2008/10/28	81.73%
2008/10/13	3.23%	2008/10/29	-45.29%
2008/10/14	-0.27%	2008/10/30	-3.29%
2008/10/15	11.03%	2008/10/31	-0.10%
2008/10/16	-1.32%		

这种事情自然是很少见的，是对冲基金给市场的流动性带来巨大影响的绝妙例子。只有6%的大众公司股票处于交易中，即便从长期来看，其股价最多在200欧元左右。也就是说，大众公司的股票的流动性是相对较低的。但是大量基金的突然集中涌入，使大众公司股票的供需比例发生了变化，就像水池中突然闯入了一条大鲸鱼。波尔舍的收购计划引起了基金的补进，"鲸鱼"在"水池"里变得不安分起来。

人们的心理因素使股价的上涨超出了所有人的想象。由此可见，投资者的心理有时能给股票市场带来多么大的影响。

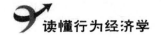

4. 案例四：用认知失调分析迪拜债务危机

2009年11月25日，阿拉伯联合酋长国之一的迪拜酋长国宣布将重组其最大的政府持股企业——迪拜世界，并向其债权人提出延迟债务偿还6个月的请求。以此为开端的迪拜债务危机给世界金融市场带来了巨大的影响。

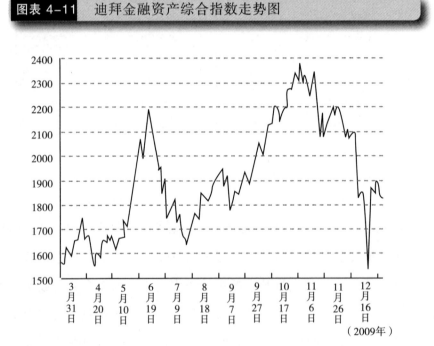

图表 4-11　迪拜金融资产综合指数走势图

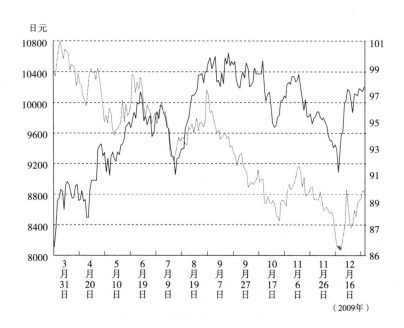

几乎不产原油的迪拜基本上依靠外来资金推进其大型的房产开发项目，致使房地产业出现泡沫。这些泡沫促进了资金的流入，通过资产价格的不断飙升实现了经济的快速增长。也就是说，他们依赖借入的资金发挥杠杆效果。

但是，金融危机发生后，迪拜的房地产泡沫就破灭了，随着投资者对风险容忍度的降低，迪拜房地产业项目的资金链不断恶化。据说，迪拜的楼市在过去的一年里下降了五成。资金链不断恶化的迪拜世界已经无力按时偿还债务了。迪拜世界的债务总额已经高达590亿美元。

迪拜债务危机和冰岛政府破产都说明了同一个问题，那就是金融立国的模式不能长久。

我们也可以用行为金融学的理论来分析迪拜债务危机。首先从认知失调的角度来分析。

在迪拜债务危机爆发之前,很多投资者都寄希望于迪拜金融状况的改善,明知已经亏损,仍然向其投资。这正是前景理论中讲到的人们的损失回避现象。一旦做出了"应该没有问题"的判断,再要收回这个判断,就会非常痛苦,就会产生认知失调。

但是,2009年11月25日,当迪拜宣布延期偿还债务后,投资者迎来了不良债券有可能增加的局面。面对此次危机,很多投资者不能容忍更多的损失,于是决定抛售迪拜世界的债务。在此之前,很多投资者认为"随着世界经济的不断复苏,中东地区的房地产行业也会逐渐好转"。谁知道,中东地区的房地产行业不但没有任何的好转,而且传来了延期偿还债务的利空消息。面对与之前的预期完全相反的结果,投资者们立刻做出一个痛苦的决定:抛售持有的金融资产。

还有一种方法就是用追风效应分析。

受到认知失调的影响,投资者们为了将注意力从损失上转移,会同时卖出持有的相关金融资产。受此影响,市场会单边下行。当投资者发现很多同行都在做空时,会产生"我也必须逃跑"的认识,从而采取和周围人一样的决策,抛售股票。如此一来,市场下跌的幅度就更大了。经济泡沫的产生过程是当投资者发现很多股票都在上涨时,认为这是赚钱的好机会,于是将自己所有的资金都投进去。投资者的这种行为也是受到了"不能落在别人后面"心理的影响。迪拜债务危机的发展过程与此完全相反。

5. 案例五：用追风现象解释欧债危机

迪拜债务危机后，世界经济陷入持续动荡之中。特别是PIIGS五国在世界金融危机爆发前，国内的房地产价格都出现了大幅度的上涨，房地产泡沫严重。这5个国家和迪拜一样，经济的增长完全是由资产价格的上升来实现的。现在，很多投资者都已经发现，资产价格上升带来的经济增长是无法长期持续下去的。人们不禁对五国巨大的财政赤字表示担忧。

根据规定，所有加入欧元区的国家的财政赤字不能超过本国GDP的3%，政府债务总额必须维持在本国GDP的60%以内。但是这五国的财政状况一直不好，特别是在金融危机爆发后，快速衰退的经济使国家税收减少，经济刺激政策又增加了财政支出，这些无疑都加重了各国的财政负担。

最先出现财政危机的是希腊。2009年12月7日，国际评级机构——标准普尔公司表示将会把希腊的主权信用从A-级下调。第二天，也就是12月8日，惠誉评级公司将希腊的长期国债从A-级下调至BBB+级，并表示不看好希腊未来的走势，以后有可能再次下调其债券级别。在这一系列评级被下调的背后是希腊的财政管理存在的问题。

希腊政府开始在2010年完善其财政体系。但是，由于上届政府少报了财政赤字，致使这一目标迟迟无法达到。当时相关人士推断此任政府2009年的债务会达到GDP的113%，财政赤字会占到GDP的13%。

除了希腊，葡萄牙的主权信用评级也有可能被下调。在欧洲，除了英国、德国和法国，其他各国都对PIIGS五国的未来持悲观态度，这也体现在国债收益率上。PIIGS五国的国债价格下跌，而且普遍面临提高国债收益率的压力。

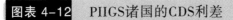

图表 4-12　PIIGS诸国的CDS利差

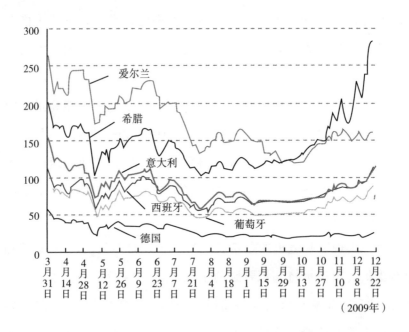

其实日本也存在财政方面的问题。但是考虑到国民的感情和政权的稳定，无论是哪一个国家都很反感激烈的财政改革。特别是在经济低迷期，民众希望政府出台更多的经济刺激政策，比如以完善基础设施的名义修建道路，这是一个典型的经济刺激政策。即便是在经济高速增长时期，完善财政体系也不是一件容易的事。因为完善财政体系必须减少开支，增加收入。借用公共经济学的观点就是，必须一边削减财政在财富再分配和公共福利方面的支出，一边提高法人所得税、企业所得税，还有消费税（在国外被称作"附加价值税"），这极有可能增加国民的生活负担。

因此，执政党为了维护政权稳定，对整顿财政犹豫不决，更何况维持现状偏差还会发挥作用。

这种情况下的认知失调，对国民和政治的意义是不一样的。对于国民来说，税率的提高会增加对生活的束缚，因而国民对此非常警觉。对于一国的政治来说，它有可能导致政权从执政党手中转移到在野党手中，造成政局不稳。为了保持政局稳定、政权继续掌握在执政党手中，执政党会推迟财政改革以维持现状。因为这样既可以防止国民产生认知失调，又能够维持政权的稳定。

在欧洲，PIIGS五国的财政危机使人们开始讨论欧元继续作为单一货币存在下去是否合适，而且此问题以后可能变得更加严峻。西班牙的财政赤字问题已经成为市场参与者讨论的焦点。

而且，出现财政危机的国家已经扩大，并且出现了一个新词STUPID（西班牙、土耳其、英国、葡萄牙、意大利、迪拜六国英文名称首字母组合）。

IT泡沫后是美国房地产泡沫。在一片繁荣的世界市场中，大多数人曾一度乐观地认为财政问题能够很好地得到解决。因此，西班牙国债等高利润率国家债券成为许多投资者的投资对象，受到追捧。特别是在银行存款利息极低的日本，以个人为主的投资者们为了追求高额利润，积极投资外国证券，虽然从总量上来讲投资的金额并不是很多。而且，PIIGS五国的债券利润率价差很大，光是这一点就足以说明它们是多么有诱惑力的投资对象。

这里还表现出一种追风现象带来的影响。2000年年初，且不说经济低迷的欧洲市场上欧元的前景如何，很多人都对欧洲周边国家的财政问题表示了强烈的不安。但是，随着世界范围内经济的不断复苏，很多投资者放松了对周围市场状况的警惕，开始向利息高的国家投资。可以说，这个时候几乎没有哪个投资者是在自己对被投资国家的财政状况进行调查研究的基础上，认为可行后才投资的。

迪拜债务危机、PIIGS五国财政危机等给我们带来的不安使很多人对自己曾经的判断感到懊悔，而且类似的事情以后还会发生。但是这也告诉我们，当大家全部看涨时，我们也许应该持一种怀疑的态度，谨慎行事。

通货紧缩能否得到抑制?
作为政策实施工具的行为经济学

1. 经济政策和人们的心理

在前面的章节里，我们基于市场和投资者心理之间的关系，一起研究了投资者是根据什么做出决策的。不仅仅是市场中的投资者，民众自身的心理对政府制定的经济政策的实效性也会产生巨大的影响。

在2009年11月20日的每月例行经济报告中，政府表示，他们认为日本经济处于通货紧缩的状态中。当市场出现通货紧缩的时候，商品价格下跌，货币价值上升，而且一般伴随着低迷的市场需求。有时还会出现原油价格上升带动能源价格飙涨，致使CPI（居民消费价格指数）突然升高的情况。但是从中长期来看，物价水平的高低还是由供需关系决定的。

20世纪具有代表性的经济学家欧文·费雪指出，在通货紧缩的情况下，过剩的债务抑制了企业和家庭的消费欲望，并且提出债务-通货紧缩理论。通货紧缩时，借贷成本的增加抑制了经济活动的展开。

在海外投资者的眼中，日本的通货紧缩体现在日本股票的投资吸引力低下上面。低生育化、高龄化的日本，人口在不断减少，很难吸引外国投资。这是与日本股票有关的负面"锚定"在起作用。那些已经持有日本股票的投资者会出现认知失调的情况。本来认为有利可图的日本股票逐渐显露疲态，投资者认为自己做了错误的判断，并且在心理上受到这种认知的折磨。

对于日本经济的发展，这显然是个非常严峻的问题。日本的低生育化和高龄化使得国内的消费需求和劳动力都出现短缺。在这种背景下，日本应该如何吸引外资，是一个非常严肃的问题。

先把目光放在日本国内。从1990年后半期开始，日本经历了"失去的10年"，经济低迷，作为泡沫经济后遗症的通货紧缩阴霾不散。各金融机构疲于处理不良债权，许多企业不得不裁员减薪。由于人们对不良债权的担忧，金融市场持续低迷；在日本银行零利率的政策下，债券市场的利润率极低。在这种情况下，由于薪资水平的低下和资产价格的低迷，日本的消费者不得不节衣缩食。

在通货紧缩的市场环境下，很多企业不得不开发低价格的商品，薄利多销以求存活下来。金融危机后的日本，无论是小作坊还是百年老店，都通过独立开发的自有品牌商品获得了众多消费者的青睐。低价商品的登场再加上消费者心理的变化，从社会心理的角度来说，低价商品更容易成为人们的首选。

这里体现的心理方面的因素就是人们先入为主的想法。消费者认为"在通货紧缩的市场行情下，商品的低价化就是一种常态"。另外，在企业这一方面，当发现业内的其他企业已经开始采取低价销售的路线时，他们就容易产生一种"低价商品好卖"的先入为主的观念。而且在过去的相当长的一段时间里，处于通货紧缩的日本经济也受到了这种心理偏差的巨大影响。

在这种状态下，像量化宽松这些以摆脱通货紧缩为目标的政策，对日本宏观经济的影响极有可能是非常有限的。例如，对于日本银行2009年12月1日提出的追加宽松政策（引用日本银行的表述是"广义上的量化宽松政策"），很多人认为那些实体企业的资金需求并没有那么旺盛，追加政策的效果将非常有限。可以说，在这种市场环境下，追加政策的效果有限是理所当然的。

在实施某项经济政策时，由于消费者和市场人员的心理状况不同，没人知道政策实施的效果是否能够超出预期。为了减少这种不确定性，希望以政府为代表的政策制定者能够和市场进行更加有效的交流和沟通。

2. 用行为经济学比较美日经济政策

冷静分析日本经济政策

近来，日本政府的领导力屡屡受到质疑。人们对政府总是有些不安，市场参与者也多对日本经济的未来走向持悲观态度。这是为什么呢？

在日本，不断严峻的低生育化和高龄化，使得20～40岁的年轻人的负担加剧，给日本未来经济的发展带来许多不利因素。特别是在年金、医疗、看护方面的支出更是成为压在年轻人身上的巨石。人们对政府财政赤字扩大化的担忧与日俱增。人们为了多为将来（为将来可能发生的一些不可预测的事情或灾难存钱的一种心理）做准备，减少消费。同时，人们的这种心理也抑制了企业对生产设备的投资，这使得2009年11月再次出现了2001年3月以来的通货紧缩现象。

让我们再次回到2007年夏发生次贷危机的时候。那时，和其他国家相比，日本的金融机构财务状况尚属健康，所以受次贷危机的影响比美国的花旗集团小得多。因此，很多市场参与者认为日本经济比欧美各国的经济要坚挺得多。

但是，金融危机以后，受到外需锐减、日元快速升值的影响，很多企业的业绩下滑。各企业的机构重组、低价商品的推出都抑制了消费，或者说抑制了贵重商品的消费。

关于日本的未来，人们对新成立的政府充满了不安，众多消极情绪的出现是没有想到的。2009年年末出台的经济发展战略也没能使人对未来增加更多的信心。因此，很多市场参与者认为日本经济再次腾飞比欧美经济复苏更加遥不可及。在这种背景下，可以看到日本经济政策中似乎存在着对日本企业和家庭的心理把握不足的问题。

金融危机爆发后，日本开始了以环保补贴为代表的经济刺激政策。这一政策能够帮助那些能在短时间内提高消费者购买欲的企业恢复以前的经营状态。但是如果从长期来看，或者从政策持续性效果来说，这一政策在支撑国民经济持续发展、缓和家庭和企业的悲观心理、促进消费和购买活动的持续活跃上，似乎还是有些力不从心。经济的发展与企业在生产设备上的投资、在科研开发上的投入是分不开的。如果能够运转良好，企业的经营活动水平就会得到提升，对员工的雇用需求也会提高。从这一点来说，日本的经济政策，特别是在应对经济危机时，显得"过于片面，过于短视"，治标不治本，管前不管后，没有对长期的经济发展做出合理的规划。而且，对于那些背负了日本经济所有希望的年轻人，现在的经济政策在增加他们对未来的信心上做得也不够好。

政权交接后，政治家们以工作的分配为中心，讨论如何削减开支。但其实最重要的是我们应该站在长期的角度，仔细审视未来日本应向何处去。这对于提高年轻人经济活动的积极性非常重要。日本经济政策欠缺的就是站在长期的角度，为长期的经济发展描绘切实可行的蓝图。在经济衰退、经济活动低迷时，目前的经济政策除了能在短期内唤起人们的消费热情外，别无大用。

美国的经济政策怎么样

可以说，金融危机后美国出台的经济政策对短期内消费者心理状态的把握比日本做得更好。雷曼兄弟公司破产后，作为首位黑人总统，奥巴马的上台给美国人带来了很大的期待和希望，就像奥巴马总统在就职演讲中对支持者高呼的那句话："Yes，We can！"

上任后，奥巴马提出名为"绿色新政"的经济促进政策。1930年，美国前总统富兰克林·罗斯福施行新政，成功将美国经济从恐慌带入复兴。奥巴马的"绿色新政"不禁使美国民众想起了罗斯福的新政，也使美国民众更愿意相信这个"绿色新政"能够帮助美国摆脱经济危机，实现长久、持续的发展。美国民众的这种美好的愿景也体现在奥巴马极高的支持率上。

"绿色新政"使美国民众的想法跟金融危机爆发前相比，发生了巨大的变化。强调生态平衡、关爱环境的理念在新政中得到体现，使国民感到新鲜，同时也倍加期待。奥巴马的这一新政巧妙地把握住了民众的心理，使民众对经济的长期恢复充满了期待，从这一点来说，美国政府显示了比日本政府更加高明的手腕。另外，对初次购房者和汽车销售界的支持政策，不仅给消费者也给市场参与者留下了良好的印象。

但是，另一方面，美国经济还是存在很多问题。美国就业市场的失业率仍然保持在9.7%的高位，经济快速恢复的可能性仍然很低。这里有两方面的原因：第一是泡沫经济崩溃后造成的破坏远比之前设想的严重。特别是金融机构需要处理在经济泡沫时期膨胀的资产负债表，政府救济以花旗集团、美国国际集团为代表的大型金融机构需要花费巨额资金。很多地方金融机构的经营状况也令人堪忧。从20世纪90年代后半期开始的10年里，美国的金融机构连续经历了IT泡沫、房地产泡沫，还有2007年夏的投资泡沫，遭受到了很大的损失。同时，很多企业为了生存不得不裁员减薪，劳动力市场的恢复也需要相当漫长的时间。所以，作为美国经济发展引擎的个人消费陷入了低谷。

第二个原因就是2009年下半年，奥巴马总统的支持率逐渐地下降。支持率下降的原因之一就是美国在阿富汗和伊拉克的反恐战争迟迟未能结束。和上任布什政府的犹豫相反，美国民众接受了伊拉克战争陷入泥潭的现实，对于美军如何从阿富汗和伊拉克完全撤军表示怀疑。

美国，特别是奥巴马政府的经济政策，主要是为了使美国经济从泡沫经济崩溃后的后遗症中脱离出来，通过向公众传递以环境为主题的新的经济增长信息，帮助众多经济主体制订长期的经济恢复方案。从行为经济学的观点分析，美国的新政很巧妙地把握了国民的心理，能够有效改善处于悲观之中的各个经济主体的心理状态。一项政策只有符合人们的心理和周围的经济环境，才有可能发挥积极的效果。

行为经济学对政策实施的考察

在这次金融危机中，日本当时的经济状态还是不错的，日本民众希望经济能够得到长期稳定的发展，但是日本政府的政策则主要是为了恢复短期需求，所以政策效果大打折扣。由于日本政府领导力的缺失以及对政府收支平衡感的缺乏，日本民众对财政改革的不安逐步产生，对未来的经济发展也缺乏信心。

另一方面，虽然美国是这次金融危机的发源地，但是，由于美国提出的经济政策很好地把握住了民众的心理，有效地传达了政策信息，使民众的信心高涨，成功推出了以爱护环境为主题的长期经济恢复路线。但是，美国实体经济的孱弱成为阻碍其经济发展的枷锁。

在这一方面，行为经济学能够为其提供两个建议：第一，为了稳定民心，制定政策的当局有必要提出一个"经济持续增长的路线图"。只有经济长期、持续增长，人们的生活水平才有可能得到提高。

第二，随时把握经济状况。对失业率、物价水平等量化数据的实时关注自然不用说，政府还需要时时了解市场参与者、消费者、企业的投资欲和消费欲这些"国民心理状况"是消极的还是积极的，并且需要思考存在的问题是什么。在这一点上，行为金融学和传统经济学理论是紧密相关的。在制定和实施政策时，必须弄清楚各个经济主体，也就是每一位国民想要的是什么。长期、持续地提高民众对经济的信心，为了实现经济发展，有必要从各个方面考虑向民众传达政策信号以及制定最合适的经济政策（促进投资、降低法人税等）。我们应该改变传统思路，不能在经济不景气时，只知道依赖公共事业。

3. 景气源自"气"

在英语中，经济的繁荣用"Business Cycle"表示。经济环境总是有好有坏，经济的繁荣与萧条总是循环出现。放在日本，我们认为经济的景气与否关键是"气"，经济的状况取决于人们的心理。

如果消费者愿意购买相对贵一些的商品，那么通货紧缩可能很容易就得到解决。改善消费者的心理，能够提高消费者的消费欲望，从而增加需求，供需之间的鸿沟也会逐渐消失。虽说如此，消费者的心理一旦冰封，想要融解，哪里像嘴上说说那么简单。企业结构重组的压力、出口产业收益率低下，再加上资产价格低下，一切的一切都抑制了家庭的消费需求。

我们的心理在很大程度上影响了经济的发展。奥利弗·斯通执导的电影《华尔街》中有一个场景，身为投资银行管理者的戈登·盖柯说"欲望是一个好东西"。据说，戈登·盖柯的人物原型是20世纪80年代在华尔街翻云覆雨的股市大亨伊凡·博斯基。

我们无法仅仅凭借自己的力量掌控未来。但是，被牵扯到市场中的所有人，都用自己的方法预测未来、追求收益。这种现象的背后是人们对财富的欲望，也就是动物本能。资本主义的本质就是这种欲望，这种心理使人们甘愿冒险。以后，动物本能对人类来说也是不可或缺的。

金融危机过去后，市场经济还是有可能因为人类欲望的膨胀而出现泡沫的。也许只要人们的内心存有欲望，经济泡沫的出现就不会停止。这是经济状态的循环，也应该被看作是人类心理产生的景"气"。

如果善于利用根植于人类内心深处的欲望，就能够成功实现资产升值。那时，以人类心理为研究基础的行为金融学和行为经济学一定能够发挥前所未有的巨大的积极作用。

后 记

　　读完本书，相信读者朋友们已经对经济学理论从传统经济学到行为经济学甚至是神经经济学的发展脉络和各个学派、流派有了大概的了解，而且应该对行为经济学和行为金融学有了崭新的认识。以上两点，就是本书的写作目的，希望我的两个目的能够实现。

　　2007年的美国次贷危机，以及随后发生的雷曼兄弟公司破产事件都给经济学和金融学理论带来了巨大的冲击。20世纪90年代后半期的IT泡沫、2003年开始的房地产泡沫、2005年—2008年7月的"大牛市"，每一次的泡沫从产生到发展再到破灭，无一不暗示了传统经济学和金融学的缺陷。在这三次泡沫期间，以美国为中心的金融资本主义开始抬头，大型投资银行依靠资金杠杆获得了巨额收益。美国金融资本主义大获全胜，很快金融资本主义就传入了其他国家，一时间很多国家提出"金融立国"的口号。

各国金融立国的行为没有持续多久。由于贷款数额庞大，资金杠杆起到了反作用，很多大型投资银行濒临泡沫的边缘。于是，大家开始重新审视金融资本主义。这时，担当重任的是传统的金融工程学。因为，大家都相信，使用金融工程学的风险管理方法可以限制风险、累积收益。当大家发现经济的泡沫根本没有出现任何改善时，金融工程学存在的问题已经非常明显了。

通览本书就能够知道，金融工程学仍是以理性人为其理论前提的，所以用它来对付人的非理性行为是很难的。因此，人们显然忘记了金融工程学应对短时间内的金融市场的飙升，也就是经济泡沫的出现，其作用是多么有限。根据金融工程学，人们恢复理性是需要一定时间的，企图使用金融工程学的相对单纯的工学方法进行短期的风险管理，显然是错误的。

行为系的理论非常适合解释那些人们的理性比较难以发挥作用的短期内的经济动态和金融市场的动态。如果在这次的泡沫经济中，能够使用行为金融学理论改进风险管理方法的话，结果也许会不太一样。现在，对使用行为金融学的方法，提高投资收益率、股票投资等风险回报的相关研究正在不断地获得进展。也许以后真的能够研究出一个使用行为金融学理论进行风险管理的方法。

在美国的理财教育中，如何使用行为金融学的理论与顾客进行交流是教授的主要内容。此种理财教育同时还会告诉个人投资者应该如何巧妙地运用行为金融学应对专业销售人员的推销。

如前所述，行为经济学，或者行为金融学蕴含了向多个方向发展的可能性。遗憾的是，日本关于行为经济理论的研究才刚刚起步。

　　我们这些秉承学问至上思想的人，固然应该潜心研究、发展理论，但同时，也应该多多呈送普通大众容易理解的书籍。研究者们如果终日将自己关在象牙塔里，与艰难晦涩的理论为伍，是无法响应社会需求的。一直以来，只要有机会，我就会写一些介绍行为经济学和行为金融学的东西，并发表出来。现在，为了写一本详尽且自成体系的入门书，我从过去零散发表的文章中，挑选出一些，按照现在的视角重新组合排列。能够有机会再次和普通大众一起分享知识，我真的感到喜出望外。今后，我会再接再厉，继续为社会上的普通人、非专业人士介绍更多、更有用的金融知识。